内気、しゃべれない…

営業下手でも

どんな商品、相手にでも使える！「神セールス」3つの習慣

人財育成型®研修講師
魔法の接客術®アドバイザー
生駒 俊介

3億売る技術！

Clover
クローバー出版

つけて神セールスに変身できる!!

神セールス（選ばれるセールスパーソン）**は**
お客様に“喜び”をもたらし、
会社を“繁栄”へと導きます。

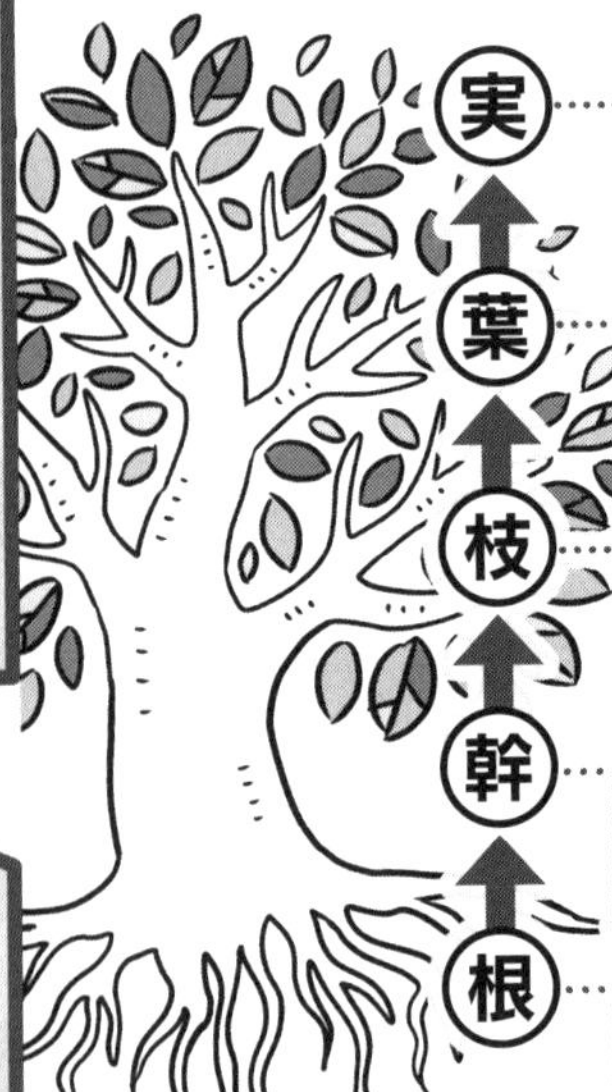

実……結果 会社が繁栄していく

葉……たくさんのお客様に選ばれ、喜びがもたらされる
全編成功実例満載！

枝……広がる視野と広がる想像力でマーケティングセンスが磨かれる
2、3章check！

幹・根……ブレないお客様目線の接客がマーケティング発想の根幹を支える
1章check！

“人財育成”で、ゆらがない土台づくり。
今いる場所でしっかりと根を張ることも大切

たくさんの良い樹“人財”が育つと、
やがて緑豊かな森“会社”となるのです。

この本であなたは マーケティング発想を身に

マーケティング発想へのアプローチ

❶ 接客術の体得　❷ マーケティング力の向上

経済活動へとリンク
お客様に気持ちよく支払ってもらえるスキル

マーケティング発想

お客様から
選ばれる **神セールスへ!!**

選ばれないセールスパーソン	選ばれるセールスパーソン
決められた形式的な挨拶	お客様に合わせた挨拶
“売上利益”最優先	お客様の“喜び”最優先
ベクトルが“自分” 自分を中心に据えた接客	ベクトルが“お客様” お客様を中心に据えた接客

大切なのは“人”、そして“人磨き”なのです。

はじめに

この本を手にしてくださった皆さん、ありがとうございます。人財育成型®研修講師、魔法の接客術®アドバイザーの生駒俊介です。

この本のタイトルは『営業下手でも3億売る技術！』です。対人、営業・接客が苦手で悩んでいるあなたでも、お客様と円滑な関係を築くことができ、やがては3億円、それよりもっと売ることができるようになるはずです。

大袈裟と思われるかもしれませんが、すべては私の実体験にもとづいて書いておりますので、まずは読み進め、本書で初めて明かすコンテンツや、営業・接客方法を素直に試していただきたいと思います。

私は長年、様々なシーンで営業・接客業を経験してまいりました。

仕事の傍ら、営業・接客業において大切にすべきことは何か、ということを探求し続けた私は、ある一つの答えにたどり着きました。それは、営業・接客（対一般消費者、企業どちらも）において最も重要なことは、であり、それは人の心を動かし、やがて成果に繋がる、ということです。

営業・接客における「小さなことの積み重ね」には二つの意味があります。

一つは、いわゆる「凡事徹底」と言われる、当たり前のことを日々丁寧にこなしていくという意味です。営業・接客の場面なら、挨拶や言葉づかい、身だしなみなどがこれにあたります。そしてもう一つは、ルーティン業務として接客にあたるのではなく、一人ひとりのお客様としっかりと向き合い、よく観察し、小さな気配りを忘れない、という意味です。

小さなことを積み重ねることで見えてくる、「接客」と「営業」の本質とは何か。そんなことを本書では説いています。この本を読み終える頃には、その重要性を理解し、仕事に反映することができるはずです。

さて、ここで今から15~16年前、ジュエリービジネスを一人で立ち上げ、ようやく軌道に乗り始めていた頃のお話をさせていただきます。

ちょっとした外車なら購入できるくらいにはビジネスが軌道に乗ってきた頃、付き合いのあったカーディーラーのH君が、新車のパンフレットを持って自宅に来てくれました。

その時、ふと気づいたことがありました。

「H君さぁ、せっかく高級車を扱っているんだから靴くらい磨いておいでよ」

するとH君は、ちょっと恥ずかしそうな顔をしながら、「すみません社長、まだ私は若いので高くていい靴を買えないのです」と答えました。

私はその言葉を聞いて、少し口調を強め、こう言いました。

「おいおい、今、話変えたでしょ……僕はね、何も高い靴を履けなんて言っていないよ。ただ、靴を磨いてきたら〜と言っただけだよ」（本当は磨いてきて欲しかったので〜）

H君は「申し訳ございませんでした、以後、気をつけます」と言って新車のパンフレットと粗品を置いて帰っていきました。


それから2カ月ほどして、H君から電話が入りました。H君は興奮した様子で、

「社長、本当にありがとうございます。今、一台ご成約いただきました！　先方の奥様が『H君は、いつも靴をものすごくきれいにしているわよ！　だから、車を買うならそんな彼から買ってあげて〜！』とご主人様に話してくださったそうです。これも、あの日の社長の教えのおかげです。だから、どうしてもひと言、御礼を申し上げたくて……。本

当にありがとうございます」と報告をしてくれました。

「いやいや、それはよかったね。でもH君、僕がいくらそのことを教えたとしても行動しない人のほうが多いと思うよ。すぐ行動した君が素晴らしいんだよ。だから、御礼なんて言わなくていい、それは僕の成果ではなくて、まぎれもなく君の成果だから」

「ありがとうございます。でも私が気づけたのは、あの日の社長のひと言のおかげですから……これからも、きちんと靴を磨こうと思います」

そしてその3カ月後、私はH君から新車を一台買わせてもらいました。


実はこのエピソード、私が社会人になった時に、人生の師である小石会長から同じような言葉を授かったことから始まっています。

「生駒君、客商売を志すのであれば、とにかく自分の靴を一生懸命磨きなさい」

私はその時、「どうしてですか」と尋ねましたが、小石会長は微笑みながら「磨いていればわかる日が来るから……」とおっしゃっただけでした。

その日以来、私はスーツ姿の時には必ず靴を磨いてから履くようにしました。

その後私は、30年以上にわたってジュエリーの販売に打ち込み、独立起業後は10年以上毎年3億円の販売実績を挙げ続けました。

今考えても、その成果が出せたのは小石会長のあのひと言があったからです。

「成果を出しなさい」と言われると、誰しも大きなことをやってのけなければならないと考えがちですが、それは大きな間違いです。

小さいことの積み重ねが人の心を動かし、それがやがて成果に繋がる。

私はそう信じています。


営業や販売で成果を上げようとするなら「商品」を売るのではなく、それ以外にフォーカスしたほうが成果に直結する。これは私がこの30年間の経験の中で確信したことです。

その証《あかし》として、選ばれるセールスパーソンになればなるほど、「商品」にフォーカスしなくなります。スーパーセールスパーソンが常に考えることとは、目の前のお客様の「思考」や「心」です（本書では「M・K・S」というコンテンツとして紹介しています）。

「人の心を動かすこと」こそが、成果に繋がるのです。

本書では、私自身の経験や研修・コンサルティングでの成果の事例を多く紹介しています。読み進めていただければ、必ずやそれらからあなたは大きなヒントや気づきを得ることができるはずです。

前出のH君の話で、新車を成約されたお客様（奥様）は、H君のいつもピカピカに磨かれている靴を目にし、その細やかさに心惹かれ購入を決められました。「靴を磨いていた」というH君の小さな行動が、人の心を動かしたのです。

「靴を磨け」と言われると、誰しも自分のために磨くと考えがちです。

しかし私は、その行動の本質が自分のためにあるのではないと気がついたのです。その時から、私の商売だけでなく、人生さえも様変わりしました。

今、世の中はコロナ禍で混沌《こんとん》としています。

その中で、営業や販売に勤《いそ》しむあなたは、きっと先が見えず不安な状態になることもあるでしょう。

そんなあなたに「選ばれるセールスパーソン」になるための新しい一歩目を踏み出す勇気を少しでも与えられればと、この本を書く決心をしました。

人は、誰でも悩む時があります。世の中がこんな状況の時はなおさらです。

あなたが悩んだ時、この本が何らかの役に立ち、あなたにパワーを与えることができれば本望です。

内気、しゃべれない…

営業下手でも3億売る技術！ 目次

Contents

第4章 接客を〝マーケティング的〟に発想する

装丁・本文デザイン　野口佳大　　イラスト　佐藤右志
校正　永森加寿子
編集　田谷裕章、坂本京子

第1章

「いらっしゃいませ」を疑え！

～価値は誰にとっての価値か？

営業の原点は接客にあり

選ばれるセールスパーソンと選ばれないセールスパーソンの違い

世の中には二つしか存在しない……。

「お客様から選ばれるセールスパーソンと選ばれないセールスパーソン」

そして、

「お客様から選ばれるスタッフと選ばれないスタッフ」

これは、私の営業（接客）研修でいつも最後に伝えるフレーズです。

あなたは、どちらの存在になりたいですか？

ジュエリーを販売してきて30年あまり、本当にたくさんのお客様と出会うことができました。サラリーマン時代もそうでしたが、独立してからはさらに多くのお客様にご愛顧いただきました。私自身、美しくオシャレな宝石に魅了され、その魅力を一人でも多くの方に伝えるべく奔走し、たくさんのお客様にお買い求めいただけました。

「どんなデザインにしようか？……」

世界中探しても二つとないジュエリーについて考える時ほど、ロマンを感じたことはありませんでした。海外のジュエリーショーに単身で乗り込み、その場で魅了された「石」を買いつけ、オリジナルのジュエリーを海外のファクトリーで作り上げる醍醐《だいご》味《み》。

ある時は、お客様の声をヒントに、ありそうでないユニークなデザインを考え、形にしていくこともありました。

ジュエリーをデザインをする際、おそらく、一般的なデザイナーならそこで仕事が終わるのが普通かもしれません。ですが、私の場合は少し違っていました。

僭越《せんえつ》ながら、私がその世界で他者より抜きん出ることができたのは、デザインを考えると同時に「どう接客すればお客様を喜ばせ、お買い求めいただけるか……」といった、販売しているシーンのことまでもが頭の中を駆け巡り、具体的にイメージすることができたからだと自負しています。

デザインを考える段階で、「どんなフレーズ」だとお客様にそのジュエリーの価値が伝わるか……いわゆるセールストークまでが頭に浮かんでくるのです。

お買い求めの瞬間までイメージしながらジュエリーのデザインを考えた人間は、おそらく私の他にはいないと思っています。

日々そんなことをくり返し、たくさんのお客様との出会いを経験した私は、ある結論を出すに至りました。それは、

何より「良い接客」をすることがすべてである、ということです。

言い換えると、**セールスの原点は接客にあるということ**。

では、「良い接客」とは一体何でしょう。

そう聞かれて、明確な答えを定義できる方がどれだけいるでしょうか。おそらくほとんどいないのではないかと察します。

実のところ、独立した当初は、私もあなたと同じように、明確な答えが出せませんでした。

しかしある時、「これだ！」という自分なりの答えが、まさに天から舞い降りたようにひらめいて（ちょっと大袈裟かもしれませんが、実際そんな感覚でした！）、それからというもの、周りからも「すごい！」と言われるほどの成果が出始め、ますます接客に熱が入るようになりました。

本書では、舞い降りてきたその「答え」がどんなものだったのか、読者の皆さんにお伝えしたいと思っています。

そしてその「答え」を実践することできれば、冒頭の、

「お客様から選ばれるセールスパーソン」

あるいは、

「お客様から選ばれるスタッフ」

として、あなたが打ち込むその仕事で、輝けることは間違いありません。

ここから順を追って、「良い接客」とは何か、そしてその着地点はどこにあるのか。そんなものを探っていきましょう。

「いらっしゃいませ」は死のアプローチワードだ！

大学卒業後、百貨店関係のジュエリー部門に就職し、最初に教わったのは「五大接客用語」たるものでした。「五大接客用語」とは、接客業においてお客様に対して使用する代表的な言葉のことで、①いらっしゃいませ、②かしこまりました、③少々お待ちください、④お待たせいたしました、⑤ありがとうございます、という五つの用語のことを指します。

その最初の言葉が「いらっしゃいませ」でした。

体育会出身の私は、何に対しても素直で何の疑いも持たず、入社当時から開店時になると、エレベーターの前に立ち、降りてこられたお客様に声高らかに「いらっしゃいませ！」と挨拶していました。

おそらく、日本のほとんどの店舗で、何の疑いもなくお客様にこう挨拶しているのではないでしょうか。

「いらっしゃいませ」

もちろん私も、同様に何の疑いもなく「いらっしゃいませ」と挨拶していました。

10年ほど続けたある日、ちょっとした疑問が私の頭をよぎったのです。

「なんで、『いらっしゃいませ』なんだろう……」

その疑問がよぎって以来、周りが「いらっしゃいませ」と言っている中、私だけこっそりと違う挨拶をし始めました。

いくつかの言い方を試すうちに、私は一つの答えに行き着いたのです。

ただ、それは日本の百貨店の世界で受け入れられるはずもなく、私の中だけでそっと実行し続けました。

時は流れ、2000年に私は独立起業し、ジュエリーの販売会社を立ち上げました。最初は苦しかったものの、数年後から順調に売上を伸ばすことができた私は、某百貨店からブランドとしてショップ開業のオファーをいただきました。

出店する場所としてはいかがかと思ったものの「新しいチャレンジだ！」と考え、受諾することにしました。新しいスタッフを二人雇い入れ、元から本社にいた一人と合わせて三人でそのショップを運営することにしたのです。

ご存知の方もおられると思いますが、百貨店の傘の下での営業ですから、朝礼の最後にはもちろん、「五大接客用語」を復唱する毎日です。

しかし、私のショップでは、その一語目の「いらっしゃいませ」をNGワードとしました。

これは、その時のエピソードです。

「うちのショップでは、お客様への挨拶の『いらっしゃいませ』は禁止するから〜」

「じゃあ、社長、私達は何と挨拶すればいいんですか？」（困った顔）
「いい質問だね、それを考えようよ～！」
「すみません、何をおっしゃりたいのか……意味がわかりません」（もっと困った顔）
「そうだよね、それじゃあちょっとヒントを出すよ。たとえば、真っ赤なルイ・ヴィトンのエピのハンドバッグをお持ちになっている、オシャレなお客様がおいでになったとするよ。

A『いらっしゃいませ』
B『うわぁ、素敵な赤いハンドバッグですね、ものすごくお似合いになっています。こんにちは、いらっしゃいませ～』

最初のお声がけとしたら、どちらのほうがお客様は喜ぶかなぁ～？」

「社長、それはBに決まっていますが、ここは百貨店ですよ……」
「百貨店だから何なの？　確かに君達は百貨店の中で働いているんだけど、百貨店からお金をいただいているわけじゃないよね。僕達の給料はすべてお客様からいただいているんだよ。だから、お客様に喜んでもらわなければならないんだよ。

もっと言うと、いらっしゃいませと言ったとしても、お客様からすると何の価値も感じないひと言に過ぎないと思うのが僕の答えなんだよ。わかってくれるかなぁ」

そう伝えたところで、スタッフのみんなはわかったような、わかっていないような……言葉ではわかっていても、頭では「そんなの無理」みたいな状態だったと思います。


ではここで、この本をお読みいただいているあなたに、一つ質問をさせてください。

たとえばあなたがコンビニエンスストアに入ったとして（今時ですから、入店のチャイムが鳴ったりしますよね）、目の前にパンの品出しをしているアルバイトの男性がいたとしましょう。

おそらく、その彼はあなたに気づいてこう言うはずです。


「いらっしゃいませ」

さて、その言葉を聞いて、あなたは何かリアクションをしますか？

「え？　リアクションなんてするわけないじゃん」

と、思いませんでしたか？

それが答えなのです。

もっと言うと、「いらっしゃいませ」に対して答えるとしたら、「いらっしゃいました」になるはずなのです（笑）。

でも、「いらっしゃいました」と答えるお客様は、見たことありませんよね。

何が言いたいかというと、日本のほとんどの店舗で使われている**「いらっしゃいませ」は、お客様からすると言われて当たり前で、何も意味のない言葉に過ぎない**ということです。

この言葉の意味を改めて考察してみると、以下の三つが挙げられます。

- お客様をお出迎えしたという気持ちの表現
- お客様が入店されたことを認識している表現

●複数のスタッフがいる店舗で、お客様が入店されたということをスタッフ全員が認識するための確認ワード

「いらっしゃいませ」は、売り手目線の言葉であって、買い手のお客様からは何ら意味を成さない言葉なのです。

百貨店で16年勤めていた当時の私が行き着いたのは……、

「『いらっしゃいませ』は意味のない死のアプローチワード」だということです。

あなたのその〃常識〃はただの思い込み!?

ところで、百貨店に店舗を出した私共のショップは、スタートから半年ほどは売上が伸びず苦しんだものの、徐々にお客様に認知していただき、少しずつ数字は上がっていきま

した。

スタッフの努力と、さらに百貨店の外商部員の方々からも可愛がっていただき、1年もするとその成果は目を見張るものがありました。

目標を達成した店舗に贈られる【店長賞】が、3カ月連続授与されるなど、他ブランドからも注目される店舗に成長しました。

そんなある日、本社にいた私宛に一本の電話が入りました。それは、その百貨店の特選部（宝飾・時計・ブランドショップを統括している部署）のY部長からでした。

「社長、ここのところすごいね。3カ月連続店長賞おめでとうございます。部としても大変助かっています。ところで、どうしてこんなに成果が出てるんですか？　極意か何かがあるなら、教えて欲しいんだけど……」

「部長、いつもお世話になっています。ありがとうございます。そうですね……こう言うと怒られちゃうかもしれませんが、スタッフが私の言わんとすることを理解し実践してくれているからだと思います」

「え、それってどういうこと？」

「部長、怒らないで聞いてくださいね。**私は彼女達にお客様に対して『いらっしゃいませ』と言わないように指導しています。**もちろん、その時の状況で、言わなければならないシーンがあることはわかっています。『いらっしゃいませ』が、一番適切だと判断した時はそれにこだわらずですが」

「え、それってどういうことなの？　わからないなぁ……」

「わかりました、明日の午後お伺いしてご説明させていただきます」

と言って、次の日Y部長のデスクに赴き、私の考えや、それが彼女達に浸透していった旨をお話ししました。

最初は首をひねっていた部長も徐々に興味を示したようで、その上でY部長から一つお願いをされました。

「だいたいの意味はわかりました。社長、その取り組みについて今度特選部の全朝礼で話してもらえないかなぁ〜？」

「わかりました、他ならぬ部長からのお願いです。もちろんお話しさせていただきましょう」

と、話がその場で決まり、次の全朝礼の時にその取り組みについて、特選部の約１２０人のスタッフの前で５分ほど話すことになったのです。

私が話した後、Y部長は壇上に立ち**「どうだろうみんな、今日一日『いらっしゃいませ』を使わずに接客してみようか！」**と大きな声で呼びかけました。

しかし、スタッフの目は冷ややかだったのを、今でも覚えています。正直、あまり響いていない様子ではありませんでしたが……。

そして開店時間となり、4階の売り場前のエレベーターの前で、Y部長と売り場マネージャーと私の三人でお客様を出迎えました。

音楽が鳴り、エレベーターからお客様が降りてきました。

私とマネージャーはお客様に対し「おはようございます」と挨拶をしました。

その横で、Y部長は声高らかに、

「いらっしゃいませ！」

と元気にお出迎えしたのでした。

染みついている……。

そう、染みついているのですね……。

Y部長が悪いわけではありません。

小売業・店舗ビジネスに携わっているほとんどの方に、「いらっしゃいませ」は染みついているのです。

これは私の勝手な憶測ですが、最初は「いらっしゃいませ」にもお出迎えの言葉として意味があったのでしょう。ただそれがいつの間にかマニュアル的になって、ほぼ意味のない表面的な言葉に成り下がったのではないかと思います。

とりあえず「いらっしゃいませ」さえ口にしていればよい、という具合です。

ここで何が言いたいのかというと、

これまでの常識を少し疑ってみる、ということです。

疑うことで、新しい気づきがあり、その本質がどこにあるのか？　を考え始めることに繋がると思うのです。

「いらっしゃいませ」に価値を与える方法

翻《ひるがえ》って考えてみるに、あなたの発するその「いらっしゃいませ」には意味がありますか？

もしそこに意味を見出せない、死のワードになっているとしたら、そこに意味を持たせるために何をすべきでしょうか。

ここで、具体的な対処法の基本編と応用編をご紹介します。

対処法・基本編　日本の挨拶用語を付け加えてみる

日本には三つの立派な挨拶用語が存在します。

「おはようございます」

「こんにちは」

「こんばんは」

たとえば、「いらっしゃいませ」の前に「こんにちは」を付け加えてみてください。そ

れだけで劇的な変化が生まれるはずです。

まさかとお思いのあなた、騙されたと思って試してみてください。

これは、私が指導した数多くの研修でも実証済みの施策です。

「こんにちは、いらっしゃいませ」と挨拶するだけで、8割以上のお客様が会釈を返して

くださったり、目を合わせてニッコリしてくださったりと、それまで感じなかったお客様

との距離感を縮めることができたとの声が続出しているのです。

少し前に、携帯電話会社の店舗研修においてもまったく同じことをアウトプットしてく

れた受講者がいました。その受講者は、

「いらっしゃいませ、こんにちは」

と、それまで言っていたのを、

「こんにちは、いらっしゃいませ」

と、**言葉の順序を入れ替えるだけで、お客様からの反応がかなり違いました～**と報告し

てくれました。

対処法・応用編 「いらっしゃいませ」の前後にポジティブなひと言を付け加えてみる

たとえば、赤い素敵なバッグを持っておられるお客様なら「真っ赤でビビットなおかばん、すてきです〜」なんて言ってもらいたいのです。ところが、そんなひと言を言おうとすると、それが意外に難しいわけです。

「そんな歯の浮いたセリフ……」と思われるかもしれませんが、お客様を喜ばせることが正しいと理解しているあなたなら思い切って行動に移せるはず。

やってみるとこれが意外に難しい……かもしれません。だからこそ、意識して行動してもらいたいのです。

これは【訓練】なのです。

ただ【訓練】と言われても難しいと思います。ですが、後述する「M・K・S」というコンテンツを用いればその「肝」がわかっていただけるはずです。

簡単に申し上げると、「M・K・S」は、今まで自分がどれだけお客様を観ていなかったかを認識できるコンテンツとも言えるのです。

ポジティブなひと言を付け加えようとすると、自ずからそのお客様をしっかりと観察するようになり、やがて「何て言おうか？」と考えるようになります。

「いらっしゃいませ」と言うだけでは、お客様を目には入れていても観ていない。そして当然、「このお客様は何と言えば喜ぶか」など考えていないのです。

そのことに気づいていただきたいのです。

ですから、まず「いらっしゃいませ」をルーティンとしてくり返すのではなく、お客様をよく観て、そしてお客様のことを考えて欲しいのです。無意識にくり返していたことを意識化することは、【訓練】に近いと言えます。後述する「M・K・S」をくり返すことで、その効果を実感していただけるはずです。

この実践は、お客様との距離感を縮めるだけでなく、「会話の発端となり、お客様の警戒心や購買に対するハードルを下げる効果があった」と研修受講者からの感想が多数寄せられています。

「そんなの本当？」とお思いのあなた、まずは実践してみてください！

おそらく初めのうちは「こんにちは、いらっしゃいませ」と言おうとすると、不安になって考えすぎてしまい、自分へ意識を向けてしまいがちになるかもしれません。でも、そういう時にこそ、お客様に目を向けお客様の反応を確かめていただきたいのです。

ほとんどの方が気づいていないのですが、「こんにちは」と言うと、無意識に表情だけでなく声までが明るくなるものなのです。

すると、お客様からそれまでとは違ったリアクションが返ってくることが多く、それはお客様に心理的安心感を与える効果があるからだと私は考えます。

「たったそれだけで、それほど違うの？」と、疑心暗鬼なあなたにこそ、ぜひ実践していただきたいですね。

「お疲れ様」に価値はあるか？

「いらっしゃいませ」は死のアプローチワードであることは、すでにお伝えしました。

素直な読者なら、「いらっしゃいませ」に、「おはようございます」「こんにちは」「こんばんは」などを付け加えて、「いらっしゃいませ」を生かし、お客様に敬意を払って挨拶することを実践されているかもしれませんね。

お客様の反応を見た時、その反応がただ「いらっしゃいませ」を告げた時の反応とお客様を意識した挨拶とで何か違いを感じられましたか？　もし少しでも違いがあったのなら、その言葉に価値が生まれた証と言えるかもしれません。

この考えは、道後温泉のホテル「茶波瑠《ちゃはる》」のコンサルティングでも実証されました。

松山での講演をきっかけに、ホテルのオーナーの川本栄次社長にお声がけをいただき、そちらのホテルにて研修を中心としたコンサルティングのために、２０１６年１月から毎月伺うことになりました。

その当時、道後温泉はランドマーク的存在の道後温泉本館という名所が耐震補強工事に入るために揺れ動いていました。松山市としても何らかの対策を講じなければならず、道後温泉本館の近隣に「飛鳥乃湯泉《あすかのゆ》」という体裁の良い銭湯が作られました。ただ当然のことながら、歴史のある建造物とは大きな差があるわけです。

そんな時に、川本社長に申し上げた次のひと言がきっかけで、コンサルティングを受注することができました。

「社長、どんな由緒ある建物でも最新の設備であっても、ハードは一日一日老朽化していきます。残念ながらいくらメンテナンスをしてもその事実は変わらないと思います。**ただ人は磨けば必ず光る、その想いで私はこの仕事をさせていただいています。私に御社の人を磨かせてはいただけないでしょうか**」

この想いが、当時の社長の悩みとリンクし「それじゃ、あなたにかけてみるよ！」と言っていただけたのです。コロナ禍までの4年間、まさに人磨きをさせていただきました。

ある日の夕方、研修を終え社長とロビーにてミーティングをしていた時、なんとなく違和感を覚えました。

時間は午後4時頃、お客様のチェックインタイムでした。

お客様がホテルに到着されるたびに、フロントのスタッフが「お疲れ様でございました」と声かけをしているのです。もちろん、ベル担当も「お疲れ様でございました」と言いながらお客様から手荷物を受け取っています。私には、それが違和感でしかなかったのです。そこで社長に聞いてみることにしました。

「社長、こちらのホテルでは、どうしてお客様へのお声がけが『お疲れ様でございました』なんですか？」このホテルを楽しみにこられているはずのお客様に、『お疲れ様でございました』という声かけが、私にはなんとなくしっくりこないものですから……」

「気がつかなかったけど、確かにみんなそう言っているね。どうしてだろう、ちょっと考えてみるよ」

次の朝、社長は私に笑顔で駆け寄り、

「昨日の質問の答えがわかったよ、俊さん。それはね、このホテルの歴史と重なっているんだよ。

前にも話した通り、ここは古くは旅館だったんだよね。当時の道後は団体旅行のメッカで、だいたい大型の観光バスで四国を巡って道後温泉に到着したんだよ。バスが到着すると、仲居さん達がバスに駆け寄り、お客様の手荷物をお預かりしながら『お疲れ様でございました』と声かけをしていたのを思い出したよ。それはその頃のなごりだね～」

「なるほど、だから『お疲れ様でございました』だったのですね、わかりました！」
「そうそう、その当時……バスが着いた時、お客様は結構疲れ切っていたんだよね。だから『お疲れ様でございました』で正解だったんだね」
「でも、今は個人のお客様が主流になりつつあるわけですよね」
「俊さんが言ってくれなければ、まったく気づかなかったよ」

こんな会話をきっかけに、このホテルでは「挨拶の大改革」が始まりました。

なぜ大改革かというと、染みついてきた慣習を新しくするのは、容易ではないことを私は知っていたからです。社長の了解のもと、早速、次の研修時に**「いらっしゃいませ」だけでなく「お疲れ様でございました」もＮＧワードにしたのです**。その時の受講者の反応は反感に満ちた表情で、さらに一部からは「じゃあ、何と言えばいいの」との質問も挙がりました。

その時、私はこう続けました。

「いい質問だね〜。**大切なのは、お客様に価値を感じてもらえる挨拶をすること**。価値を感じるということは、少なくともお客様から何らかのリアクションや、ポジティブな反応をいただけるということだよ。どんな声かけをすればそうなるのか？　さぁ、みんなで考えてみよう」

人のために動けば、人が動く！

この時、私が言いたかったことは二つありました。

その一つが、**「今までの常識を疑ってみること」の大切さ**です。今までの習慣が正しいこともあれば、時代背景によって古くなっていることもあるはず……。そんなところに気づいてもらいたかったのです。

そしてもう一つが、**挨拶を新しくすることでお客様との距離感が縮まる**可能性があるということです。すでにポテンシャルの高さを感じるスタッフばかりでしたから、いつもの業務の中に少し刺激を与えれば、見違えるような接客を実現し、それによってお客様からリアクションをいただくことができ、結果、お客様との距離感もぐ〜っと縮まるに違いないと確信に近いものを感じていたからです。

その後数カ月かかりましたが、誰も「いらっしゃいませ」「お疲れ様でございました」を発することがなくなり、その場面に応じた素晴らしい挨拶ができるようになりました。最初のうちは上手くできないことでも、お客様の反応が違ってくることを実感できるとおもしろいように変化していきました。

挨拶の声が大きくなり、張りのある挨拶もできるようになりました。お客様との距離感が縮まったことでお客様との会話が弾む光景がよく見られるようになりました。もちろん、その相乗効果で「お客様の要望」を聞き出すこともできるようになり、サービスの質がさらに上がりました。そして、仕事の楽しさを口にするスタッフが少しずつ増えたのです。

特にベル担当の佐光君は、イケメンというだけでなく私の言う挨拶の意味を理解し実践してくれて、多くのお客様から「一緒に写真を撮りませんか～」と言われるなど、それまでとは違ったエピソードをいくつも作ってくれました。

このようにして、このホテルの顧客満足度であるＣＳ（顧客満足）ポイントがさらに上昇したと確信しています。

それは、宿泊された多くのお客様のレビューからも読み解くことができます。「スタッフの挨拶がいい」「キビキビ動いていて気持ちがいい」「笑顔でお出迎えいただいた」などなど。ある意味、当たり前のことを当たり前にやってくれたことが、お客様の心の琴線に響き、素晴らしい結果に繋がったのでしょう。

今なお、たくさんの声をいただいています。そのきっかけは、この「挨拶の大改革」に詰まっていると思うわけです。

その後、部屋の稼働率が毎月99％を超えることが2年以上も続くという素晴らしい成果を出すことができました。

以前のレビューは「掃除がきれい」「お風呂がよかった」「食事が美味しかった」など、どちらかというとハード面へのお褒めの言葉が中心でした。

しかし、コンサルティング以降のレビューは「笑顔がよかった」「スタッフの対応が温かみがあってよかった」「挨拶がいい」。そして何より、「また来ます」という言葉で溢れ返っています。それを読むにつけ、**挨拶は人の心を掴むものであり、人は人に惹かれる**ということを実感するのです。

この経験から、素晴らしい挨拶は人の心を動かす

ということを確信することができたのです。


「価値のある挨拶」とは何でしょうか。

そして、「価値」とは何でしょうか。

さらに突き詰めると、「挨拶」は、誰のためにするものなのでしょうか。


「はじめに」で紹介したH君。彼は、「靴を磨くこと」で人の心を動かしましたよね。

そして、私自身も、スーツ姿の時は必ず、靴を磨く習慣が身についています。それは、単なる身だしなみという観点からだけではないのです。

「靴は自分のために磨いているのではない……。それを見た方に清々しく感じていただくため」だと仮説したらどうでしょう？

「身だしなみ」とは、単に自分のためにするのではなく、接する相手のためにも気を使う

べき行為なのです。
それを見た方が、清々しく感じていただけたなら、それこそが「価値」あることなのです。
すべての行動には意味があるはずです。その意味を正しく理解することが、実は成果に直結するのです。

ここで話を戻します。

「挨拶は誰のためにするものなのか？」

わかってきませんか？

相手が、何の反応も示さない挨拶は、「価値のない挨拶」で、それは単なる「言葉」に過ぎない、ということです。

店舗ビジネスで成果を上げるためにその根本を見直し、本当の意味で挨拶を理解するために、「いらっしゃいませ」を一度ＮＧワードにしてみることをお勧めしているのです。

今までの常識を少し疑って、一度手放してみる、もしくは角度を変えて見てみると、新しい気づきがあるのです。

いつも疑うことなく口にしていたいろいろな挨拶。この挨拶に意味があるのか、価値があるのか、そんなことを考えてみてください。そして、お客様が価値を感じてくださる挨拶ができるよう、意識したいですね。

観る・聴く・知る——本当にできていますか？

「M・K・S」は営業の究極のシンプルコンテンツ

この項では、私のコンサルタントにおいて重要なコンテンツの一つである「M・K・S」について解説します。

それにはまず、私がジュエリービジネスにおいて成果を出せたもう一つの要因をご紹介させていただきましょう。

大きな展示会場で次から次へとお客様が流れてくる状況で、いかにしてお客様の気に留めていただくかと考えを巡らせる中で、お客様一人ひとりにしっかりと目を向ける、つまり、**お客様を「観る」＝「観察」することに最大限に注意を払った**のです。そして、感じたことをお褒めしたり、簡単な質問をしてお話を聴く。そして、お話をしている間に「ウチのアイテムの中で、どんなジュエリーなら興味を持っていただけるか？」を考えて、商品をご紹介する。この一連の流れは、言葉にすると簡単そうに見えるのですが、現場でそれらを瞬時に行うことは至難の業《わざ》でした。

さらに、この発想をスタッフに伝えようとするともっと難しかったために、それらを簡単に伝えようと編み出したのが「M・K・S」というコンテンツです。どういったことなのか、ひも解くことにしましょう。

「M・K・S」を知る！ ①「M」観ること

まずは「M・K・S」の導入部、「M＝観ること」の重要性について解説しましょう。

あなたはお客様のことをどれだけ観ていますか？

私はこの「観る」という字にこだわりを持っています。

単に「見る」……視野に入れるということではなく、観察眼を持って人を「観る」ということです。その意識を持って改めてお客様を観ると、いろいろなことに気づくものです。

研修でも、必ずこれはお話ししています。

「お客様のことをもっと観察してみよう」

これを意識してもらうと、次の講義のアウトプットでは「今まで自分がどれだけ人を観ていなかったか……痛感しました」といった意味合いの発表が続出します。

意外なことに、いかにも自分の接客に自信がありそうな方こそ、できていなかったことに気づいたという声が多数ありました。ただし、そんな方だからこそ、しっかりとお客様を観察し始めると、さらにいろいろなことがわかってきたようです。

では、観るとは、具体的に何を観ればよいのでしょうか。

お客様がどんな状態で来店されたのか、顔色はどうか、その日のファッションに何かこだわりがあるか、ハンドバッグは？　靴は？　爪は？　髪型は？　お化粧は？

さらに接客に入ると……どこに目線が行くか、体の向き、指の動き、その細部にわたるまでを観察し始めると、今までが十分でなかったことに気づくはずです。

こんなことがありました。

ジュエリーを販売していた時、何度かご来店いただいた女性のお客様のフレグランスが以前と変わっていたことに気づいた私は、何気なく「前の香りも素敵でしたが、この香りもいいですね」と言いました。

すると、「あら生駒さん、さすがね！　誰もそんなことに気づいてくれなかったわ」と言いつつ、お顔が急に柔らかくなりました。

私に対するハードルが下がった瞬間です。

もちろん、その後成果に繋がったことは言うまでもありません。

たとえばジュエリーの接客なら、イヤリングをされている方にピアスをお勧めすることはご法度《はっと》とされています。そこを間違ってお勧めするだけで、お客様から愛想をつかされることもあるのです。そんなことに気を配りつつ、さらに肌の色からゴールド系が似合うか、はたまたプラチナに代表される銀色系が似合うか、どんなアイテムなら興味を持ってもらえそうか、頭をフル回転させながらお客様を観るのです。

美容室での研修受講者は、「よく観察してみると、施術の合間に何冊かお出しする雑誌の中でいつも同じものを手に取られることに気づいたので、次の来店時には目の前にその雑誌一冊だけを置いたら『え、わかってた？　そうそうこの雑誌が一番好きなのよ！』と言ってもらい、その瞬間にお客様との距離感が縮まった気がしました！」と嬉しそうに話してくれました。

いつもしっかり見ているつもりの光景でも、意識を持って「観る」とあちこちに貴重な情報が詰まっているということに気がついて欲しいのです。

そして、**気づいたことを分析し、想像力を働かせて、思い切って実行してみる。**そのことで、お客様との距離感がぐんと縮まるかもしれません。

当家の4歳になる娘でさえ、髪を切った翌日に保育園の先生に「ビコちゃん、髪の毛切った？」と言われると、「○○先生にそう言われた〜」などと嬉しそうに話してくれます。

そう考えると、特に女性にとってヘアスタイルの変化に気づくことは大きな意味があると言えるかもしれません。

モヒカンがトレードマークの私の髪の毛を切ってくれる美容師の浅間さんとは、十数年来のお付き合いです。その上、今や「ひと月に6回（これ本当です）」このモヒカンの調整をしていただいております（笑）。

間違いなく、家族の次に長い時間を共有してくれている方なのですが、毎回、私がお店に入った瞬間に、浅間さんは私のことをさりげなく観てくれて、その日のコンディションや健康状態……たとえば歩き方や姿勢に至るまでを観察した上で、きめ細やかな対応をしてくれます。浅間さんのカット技術の素晴らしさはもちろんのこと、私の小さな変化をも感じ取ってもらえるきめの細やかさ、心地よさを求めて、自宅から40分以上かけてでもひと月に6回浅間さんの元に通っているのです。

くり返しになりますが、

まずは目の前のお客様をしっかり「観る」ことに専念してください。

人は誰しも、自分もしくは自分達にベクトルが向きがちです。この場合のベクトルとは興味の矛先のことを指すもので、ベクトルが自分に向くということは自分を中心に物事を考えるということになります。**接客の際はそのベクトルを目の前のお客様に向けて「観る」＝「観察する」ことに全力を傾けてもらいたい**と考えます。

「M・K・S」を知る！ ②「K」聴くこと

では次に、「K＝聴くこと」の重要性をお話しします。

先ほどの**「観る」が「見る」ではないことと同じように、「聴く」は「聞く」とは異なります**。この「聴く」は、よく言われる「傾聴する」という意味でもあるのですが、質問をする、ということも含まれています。研修やコンサルティングでも「わからなければ聴きなさい。質問をすればよいのです」と教えています。

たとえばレストランなどでお客様が料理を残された時、提供する側として大切なのは、その理由です。残された理由を、憶測で判断してしまっていませんか？

「たまたまお口に合わなかったのか？」「もう満腹になられたのか？」「苦手な食材が料理

に入っていたのか？」……あるいは、「美味しくなかったのか？」……そこには何らかの理由があるはずです。そんな時、提供する側としては、必ず何らかのわだかまりを持つはずです。一生懸命作れば作るほど、そう感じることが普通だと思います。

そんな時は、うやむやにせずに、お客様に直接聴いてみることです。

できれば作った本人が聴くのが一番の得策だと思いますが、そうはいかないこともあるでしょう。

「大変に恐れ入りますが、お口に合いませんでしたでしょうか？」と、こんなふうに質問するとよいでしょう。

「ごめんなさい、美味しくて食べたいのだけれど前菜のお料理が多くて、それでお腹いっぱいで食べられなくなっちゃったのよ……」など、本当の理由を教えてくださるお客様もいるはずです。

「なぜ、残されたのだろう？」とスタッフ同士で話をしたとしても、それは結局のところ憶測に過ぎないのです。

ですから、

「わからなければ質問すればいい」

と私は考えるのです。

きちんと襟《えり》を正して聴けば、お客様は真摯《しんし》に答えてくれます。時にはクレーム的な指摘を受けることもあるかもしれません。ただ、それも前向きに捉えることです。

お客様の不満のポイントさえわかれば、その時点からリカバーすることが可能になります。そうすることで、お客様に認めていただくことができるかもしれません。

クレームを訴えられたお客様の不満にとことんお付き合いしたことで、結果、そのお客様はお店を支えてくださる熱烈なファンになった、というエピソードは枚挙にいとまがありません。不満を持ったお客様こそ、本当の〝お客様〟になってくださることが往々にしてあるのです。

接客するほうも人間です。心にモヤモヤ感があれば、良い接客はできないもの。そのモヤモヤ感を取り除くためにもドンドン質問をしてみましょう。ただし、聴き方には十分注意を払うこともお忘れなく。

また、この本はクレーム対策の本ではないのでこれ以上は差し控えますが、言われ尽くされた言葉ですが、「クレームは最大のチャンス」とは事実なのです。

「わからなければ聴けばいい」。どんどん質問をして、良い点はさらに伸ばし、ダメな点はしっかり直す。

それらすべてを自身の肥やしにしてもらいたいのです。

「M・K・S」を知る！　③「S」知ること

そして「M・K・S」コンテンツの最後、「S」とは「知る」ことです。

「観て」「聴いて」そして最終的にお客様のことを「知る」という、いわばこの「M・K・S」メソッドの到着点と言えます。

お客様を観察して、傾聴しながらわからないことは質問し、そしてお客様のことを「知る」のです。

そのためには何が重要かというと、やはり「会話」です。

まずは、お客様との会話を楽しむだけではなく、お客様がどんな会話を好むのか……そこに力点を置いてみましょう。今風で言うと、どうやって会話を膨らませるのかということです。

その時のポイントは、自分が話したいことではなくて、

「お客様が何についてお話ししたいのか？」

というところに重きを置いてみるとよいでしょう。

百貨店時代に、お客様との会話でよくあったことです。あるお客様との会話で、「来週、ハワイに行くのよ」と話題が出ました。そんな時、上手な外商部員ならそこから会話を膨らませますし、そうでない外商部員は「いいですね〜、僕ハワイ行ったことないんです」と、会話を切ってしまいます。

せっかくお客様が来週ハワイに行くというワクワクした気持ちを伝えてくださったのに、そこを察知できずに会話を切ってしまう……。私から見たら、そんな信じられない光景に何度も出くわしました。それこそ、ベクトルが自分の方向に向いてしまっている証拠です。

ハワイに行った経験がないとすれば、「どんなホテルに泊まられるんですか？」とか、「今度行く時の参考にしたいので、いろいろお話を聞かせてください！」など、次に繋がる会

話ができれば、お客様のワクワク感を膨らませることもできたはずです。

お客様のことを知らずして、お客様に満足を感じてもらえることはできないのです。

まずは、お客様のことをしっかり「観て（M）」、お話を「聴き（K）」、そして「知り（S）」ましょう。営業的発想の原点はこの「M・K・S」にあるのです。

最重要！　知るとは「何を知りにいく」のか？

実のところ、「M・K・S」のゴールは、単にお客様を「知る」ということだけではありません。

単に「知り」にいこうとすると、無駄に会話の量ばかりが増え、お客様との会話の質の向上には繋がりません。どんな行動でも「なぜ」と「どこに向かっているのか」を意識しなければ、とんでもない方向に行くことがあります。ましてや、今は仕事のお話です。
お客様と会話する時に**「M・K・S」を徹底することで、たどり着くべきゴールを明確にしておく**必要があります。

目の前のお客様が、何に興味を持っているのかを知りにいく。

これこそが「M・K・S」のゴールになります。このゴール設定を明確にすることにより、お客様との会話の一つひとつが目的を持ち、その先に繋げることができるのです。

誰でも、興味のないことはスルーしたいものです。

あなた自身もそう感じませんか?

もっと言うと、興味のない情報は雑音にしか聞こえないのです。

よくある営業手法で「お客様のニーズを探れ」とか「お客様の悩みに気づけ」と言われますが、つまるところ目の前のお相手の興味の矛先がどこに向いているのか……? もっと簡単に言うと**「何に興味があるのか?」を知りにいけばよい**のです。

難しい言葉を使うより、日常的に使っている言葉に置き換えることで、どんなレベルのセールスパーソンでも理解しやすくなります。

ですから、**「目の前のお客様が何に興味を持っているのかを知りにいく」**と表現したほうが何倍もわかりやすくなるのではないでしょうか？

4年前に、京都府からの依頼で「宿泊業・サービス業のスタッフ40名限定」で集められた集合研修に、2年連続で登壇させていただきました。その時に、京都の老舗旅館「綿善《わたぜん》」の若女将と知り合うことができました。

綿善の若女将・小野雅世さんは、人柄が良くとても一生懸命で、誰もが認める素晴らしい人物です。持ち前のキャラクターとユニークな発想から、他にはできない企画を数多く実践され、多くのお客様から支持を集めておられます。

その後も親しくお付き合いさせていただき、その小野さんのからの声かけで、京都の旅館・ホテルの若手スタッフ六十数名が集められ、大がかりな「集合研修」にて登壇させていただきました（この研修は、京都新聞から取材を受け、紙面にも掲載されました）。

昨年の7月には、一度目の緊急事態宣言解除に合わせて、綿善のスタッフの皆さんにオンラインにて【キックオフ研修会】も実施させていただきました。

そこから派生して、このたび京都市観光協会からも依頼をいただき、オンラインの「集合研修」に二度にわたり登壇させていただきました。

その綿善に勤める、若手有望株の前田清華さんという女性スタッフがいます。彼女曰く、「モヒカン先生のお話を聴いて……常にお客様をしっかりと観るようになり、お話を聴いて、お客様がどんなことに興味を持っておられるか、何をすれば喜んでいただけるかを考えて行動できるようになってきました！」と嬉しい言葉をいただきました。

数年前は若手だった彼女も、今や中核のスタッフとしてしっかり務めています。前述の言葉からも察しがつきますが、お客様のレビューやアンケートでも高い評価をもらっていると聞いています。

そう、彼女が実践しているのも「M・K・S」です。それを基本として接客し、**「お客様の要望にどうしたら応えられるか」にとどまらず「どうしたら喜んでもらえるか」を考え、行動に移すといった理想的な接客ができている賜物だと思います。**

ちなみに、この前田さんからは、

「今は接客が楽しくて仕方がないい～」

「お客様に笑顔になっていただきたくて、いつでもお客様視点で考えられるようになりました」と嬉しそうに報告してもらいました。

本人が楽しんで接客をしているのですから、それがお客様に伝わらないわけがないですよね！

最近の情報として、この前田さん、少し前にＮＨＫから取材を受け、『京のルーキー宿泊業編』というコーナーで1分ほどテレビ出演されたそうです。

そんな報告をもらうたびに、私までもが嬉しくなるのと同時に、もっと多くの方にこのメソッドを伝えていきたいと強く感じます。

神対応はこうして生まれる！

「M・K・S」でお客様を知ってどうするか。そこが最大のポイント

前述のように、「M・K・S」のゴールは「目の前のお客様が何に興味を持っているのかを知りにいく」ことです。ですが、それを知ったことで終わりではありません。**そこで得たことを情報として捉え、次にどういった言動・行動に繋げるかが最大のポイント**となります。

例を挙げると、お客様と「日焼けされていますね、休日はゴルフか釣りをなさるのですか？」「そうなんだよ、釣りが好きでね」という会話があったとします。この会話を膨らませると、結果、いろいろな情報を得ることができます。そして、得た情報をどう活用するのかを考えてみるのです。たとえば、ちょっと釣り雑誌を覗いてみるのも一つ、周りの釣り好きの友人から情報をもらい、できればちょっと先回りをしてオモシロイ情報や新しい情報をお客様に提供すれば、喜ばれるかもしれません。

その時に、知ったかぶりをするのではなくて、あくまでもお客様の興味がどこにあるのか？　を意識して考えてみましょう。

さらに、たとえばお客様から「息子の少年野球のコーチをしているんだよ～」という話題が出たとします。その会話から、お客様の息子さんの情報を聞くこともできますよね。つまり、お客様の興味や関心がどこにあるかがわかると、それを次の営業活動に繋げることができるのです。

そして、得た貴重な情報を生かすも殺すもあなた次第です。

ドンドンお客様のことを知りにいき、その情報をもとに次なる戦略を立ててみようではありませんか！

くり返しになりますが……**すべては「M・K・S」から始まるのです。**

「知ったこと」が良質な情報となり、次の行動に繋がる

ほとんどのお客様は、自分のことを覚えてもらっていると嬉しいものです。

少し難しくなりますが、それらはお客様の自己重要感を満たすことに繋がるからです。名前やパーソナリティのことはもちろん、前にしたちょっとした会話の端を覚えてくれていると、相手のことが親しく感じられるものです。

自分のことを覚えていてくれて、しかも興味のある何らかの有益な情報を持ってきてくれる人、そんな気を配れる人のことを嫌いになるはずがありません。

会話の質を上げ、お客様が何に興味を持っているかを知りにいった結果、得た情報が良質な情報源となり、次の言動や行動に繋がるという一連の流れは、意識的に訓練をすれば誰にでもできるのです。

その時の発想に必要なポイントは**「お客様が発した言葉の中に貴重な情報があり、それを価値に繋げることができる」**ということです。くり返しになりますが、どんどん「M・K・S」を実践し、最終的にお客様を喜ばせたり、役に立ててもらうことを考えて行動してみましょう。

そうすることは、具体的にあなたの価値を上げることにも繋がるのです。

「価値」に変わった瞬間、これこそが究極の神対応

前述したように、2016年1月からコロナ禍になる前まで、毎月、松山道後温泉の「茶玻瑠」というホテルの研修・コンサルティングにお伺いしていました。

宿泊した翌朝は、ホテルの3階の朝食レストランで、他のサービススタッフと共にお客様対応をしていました。

いつも、簡単な朝礼を済ませたあと、6時半からいよいよ営業がスタートします。

「おはようございます！」の挨拶と共に、お客様をお出迎えします。これは、その時のお

話です。

ある日、いつもと同じように入店されたお客様に対して挨拶をしていると、あるご夫婦から「あなたの挨拶、最高だね。本当に気持ちいいよ〜」とお褒めの言葉をいただきました。

私はそのお客様の食事が終盤に差しかかったのを見計らって、テーブルにお邪魔し、「先ほどはお褒めの言葉を頂戴しありがとうございます。今日はお天気にも恵まれてよかったですね。本日はどのようなご予定ですか？」と伺いました。

「今日は車でしまなみ海道を渡って、大三島《おおみしま》に行こうと思っているんだよ〜」

「あの神の宿る島ですね。私も一度だけ行ったことがございます。とても気持ちがいい神社がありまして、そこの立派な御神木に触れた記憶があります」

「そうなんだ。そこに寄るのも、今回の旅行の楽しみなんだよ〜」

その話を聞いた私は、1階のフロントまで足早に下り、しまなみ海道の案内が書かれた冊子をフロントスタッフに用意してもらいました。その中の大三島の部分に付箋を貼ってもらい、走って3階のレストランに戻り、再び先ほどのご夫婦の席に近づき、息を整えてから……、

「失礼いたします。しまなみ海道についての冊子をご用意いたしました。こちらの付箋のページを開いていただくと大三島の特集も載っております。ぜひご活用ください」

と冊子を、笑顔と共にお渡ししました。

すると……、「いやぁ恐れ入った、この短時間に……そこまでしてくれるんだ〜！　あなたのお名前を聞かせてくれるかい？」。その後、チェックアウトの際のアンケートには、私の名前入りで感謝の言葉を書いてくださいました。

これこそ、お客様を観て、お客様に質問し、お客様が何に興味を持っておられるかを知り、それらの情報を、お客様にとっての価値として変換し、提供させていただくことができた結果だと感じます。

この場合は、おわかりの通り、そのご夫婦が「しまなみ海道を渡って大三島に行かれる」ということを会話の中で知ったので、それを情報として生かし、前述のような行動をとったのです。この一連の行動が、情報を価値に変えたということのわかりやすい事例だと思います。

ただ、忘れてはならないこととして、

ということが挙げられます。

価値があると判断して移した行動が、独りよがりになってはいけません。特に接客業の場合、押しつけがましくならないよう、注意が必要です。その点を踏まえ、特に言葉づかいには細心の注意を払うとよいでしょう。


先ほどの後日談になりますが……そのお客様は、某旅行サイトからの予約で来られていましたが、そのサイトのレビューにも「このホテルでこんな素晴らしいサービスを受けた、また泊まってみたい～」と書いてくださったのです。

ご存知の通り、各社の旅行サイトのレビューは多大な影響力があります。そんな中、ありがたい言葉をいただき本当に嬉しかったですね。

そして、私のとった一連の行動で、クライアント様の価値を上げられたことを、ほんの少しだけ誇らしくも思っています。

コラム モヒカン紳士がゆく！①

「応援団」からもらうエネルギーと新たな決意

うわさには聞いていましたが…嬉しかったざんす♡
それは昨年の12月のとある朝……寒空の下、プレゼンに向かう途中のこと……新橋駅前のいわゆるSL広場にて起こりました〜。歩いていると、数人の人だかりがあり興味本意に近づいてみると、こんなポスターが……。

#朝チア　でつぶやいてみてね
ちあ子（イメージキャラクターの名前）が
あなたを応援に行くちあ!!
全日本女子チア部

この立て看板を見て、「あっ、なんかちょっと前にネットで見たことあるな、これ……」と思いながら人だかりの間から覗いてみると、メンバーの一人がテレビのインタビューを受けています。

しばらく見ていると……女性が一人やってきて、何や

ら自社製品を持ってきて集まっているチアダンサーと一緒に写真を撮っているではありませんか！

……これ、ひょっとして誰でも一緒に撮ってくれるのかなぁ!?

なんて思い、目の前のチア部のメンバーの一人に声をかけてみました。

「これって、誰とでも撮ってもらえるんですか～!?」

「もちろんです～！」

「うちの娘達もチアやってたりするんですよ～」

「えっ、そうなんですね～（笑）！　一緒にお写真撮りましょうよっ♪

みんな、こちらの方のお嬢さん達もチアやってるんだって～♡」

「うわぁ～なんだか嬉しい……うわぁ、オシャレさんだ～！」

軽く話しかけたつもりが、いつの間にかみんな集まってきて、ワイワイ、キャッキャと騒がしくなり、なんやかんやと煽《あお》られて……自撮りでパシャ☆彡　チア部の皆さんと一緒に撮影させてもらいました＾＾　それが、この一枚です（次頁写真右）～。

ハッキリ言わせてください!!
マスク越しですが、みんな笑顔いっぱい&可愛いすぎる♡で、なんだかめちゃくちゃ元気が出ました～^_-☆

「実を言うと……僕ねこれから、仕事でプレゼンに行く途中なんですよ……そのことで頭がいっぱいで……下を向いて歩いていて、顔がなんだか暗かったんですが、皆さんのおかげでなんだかめちゃくちゃ元気になりました～！　ありがとうございまっす！」

「そうだったんですね～！　プレゼン、きっと上手くいきますよ♪　頑張ってくださ～い～!!」

と、みんなから声をかけてもらいました～（メンバー一同・エール全開!!）。


いやいや、このコロナ禍、しかも冬の足音が聞こえる寒空&どよーんと曇っている朝に、なんだかパッと一筋の希望の光が見えた！……そんな気になりました。

そうそう、下なんか見てられない。頭を上げて＆心に炎を燃やし、そして、笑顔で挑まなくてはならなかった!! そんな、生駒らしい基本的なことを思い出させてくれました!! 心からありがとうを言わせていただきます♪

話は変わりますが……先日、静岡の商工会さんでの講座……我が同志の「ギッチョ」こと小橋重信氏とのコラボセミナーでした。そのギッチョのパートの締めの言葉が印象的でした。

１９００年代のニューヨークは、たった13年間で馬車から車社会に一気に変貌したのだと、写真を用いながら、

「あなたも変化を恐れず、行動しましょう～!!」

と……力強く告げてくれたのです。

まさに、まさに、そうだ!! その通りだ～！ と、感銘を受けるとともに、今の自分はどうなのか!? 自問自答する良いキッカケになりました。

●昨日までの自分にしがみついているのではないか？
●「新しい発想×新しい行動」を実践できているか？
●そして、何より人に元気を与えることはできているか？

見つめ直す良いきっかけをもらえました。

私は、日頃から研修で、「お客様をファン化することが最重要だ」とお伝えしています。

そして、私の考えるその「ファン」とは「応援団」です～とも言っています。

この#朝チアの彼女達から「頑張ってください!!」と最高のエールをいただき、
●自分自身の人生に全力で挑まなくてはならないのだ！
●私ももっともっと多くの人に元気を与えよう!!
●やるしかない!!!

と、「応援団」がもたらしてくれる力&エールの力を改めて実感し、決意を固くすることができました。

本当に感謝です!!!

日頃、人に元気を与えなければならない～と考えるこの私が、この#朝チアの彼女達から最高の笑顔と元気をいただけたってことです。

チャレンジスピリッツを心に秘めて……自分自身の人生に全力で挑まなくてはならないのだ!!

最高のエールをいただき、改めてそんな強い想いになった朝でした。

うーむ、#朝チア……今度、チアをやっている当家の娘二人を連れて行こうか……本気で考える、親バカがそこにいました^_^

因みに二人の娘達とは、こんな感じ（P69写真左）ですが（爆笑）。

これでフィニッシュさせていただこう～と思っておりましたが、後日談がございまして……上記のことを私のツイッターで「#朝チア」としてつぶやいたのです。そうしましたら……その後すぐにチア女子の代表から返信をいただきました！　すごくないですか～（笑）？　ガーサス（さすが）のSNS時代を実感しました。

で、「ぜひ、お嬢さん達をお連れください～」とのコメントもいただけたのです。なので、目下「いつ行けるか……」、前向きに検討しております。

第2章

マーケティングはすべて「三角形」でうまくいく！

「マーケティングを三つに分解する」

マーケティングの三角形にこそ、すべてがある

本屋さんに行けば、多種多様なマーケティングに関する本が所狭しと並んでいますよね。大きな書店なら、相当な冊数になると思います。

２０００年に独立起業をした頃から、そういった類《たぐい》の本を何十冊も読みました。その頃、マーケティングというワードが徐々に一般的になりつつある中、「これからの時代、商売をする上でマーケティングは欠かせない」と人から聞き、「それが何なのか？」を知りたくて本を読み漁《あさ》りました。

1冊読んでなるほどと思い、
2冊読んでそういった考えもあるね～、
3冊目でもその通りだなぁ～。

と、すべてが正しく思えてきましたが、最終的には読めば読むほど、何が何だかわからなくなってしまったのです。

やがて関心は、「マーケティングとは一体何か？」に絞られました。

今思うと、その頃の私は知識ばかりが先行し、学問的に複雑に考えてしまい魔のスパイラルに陥りそうになっていたのでしょう。

ありがたいことに、ちょうど同じ頃、私の会社は徐々に忙しくなり始め、マーケティングのことなどすっかり忘れてしまったのでした。

第1章でも触れましたが、**ジュエリーの世界で私が競合他社よりも少し抜きんでた理由は、接客力と商品開発力にありました。**僭越ながら、お客様の心を掴む接客力はもちろん大きな要因でしたが、「販売するアイテムそのものが貧弱」では、売買が成立しないのは当然のことなのです。

そこで私がとった商品開発の手法の一つに、接客の中でお客様が欲しているデザインや色合いを聴き出し、その情報をもとに新作のジュエリーを作るというものがありました。

それだけではなく、日本のジュエリーの世界では通常かけ合わせない色合いのジュエリー（たとえば、紫のアメシストとピンクサファイアだったり、グリーンガーネットとブルーサファイアなど）作成にチャレンジしたり、ここにしかないユニークなデザインジュエリー（たとえば、ダイヤモンドとブラックダイヤモンドのリバーシブルタイプのペンダントや注射型のピンブローチなど）を開発しました。それらのほとんどは、信頼できる海外のファクトリーとの共同開発商品で、そのつど海外にまで足を運んで製作してもらっていました。

なぜここでジュエリーの話をするかと言うと……成果が上がった商品のことを振り返ってみると、それらは上手にマーケティングにはまっていたからに他ならないからです。

たとえば、次にお話しするピアスのことなどはまさにその事例となります。

その頃、爆発的に成果が上がったアイテムとしてピアスがありました。当時はまだ他ブランドでは力を入れていなかったピアスに注目し、新しいデザインを考える日々を送っていました。そこから「ピアスといえば～ディア・エム（当ブランド名）」を確立したいと考え、私自身がピアスの穴を耳に開け、新しい発想の作品ができるたびにサンプルを装着。デザイン性やつけ心地を確認するほどストイックになっていました。

ピアスが好きなお客様は、オシャレでファッションセンスに溢れ、その日の服装によってつけ替えたいという願望を持っている方が多いので、そこを狙って力を入れていました。

「新しいデザインのこんなピアスを開発しました！　いち早くオシャレを楽しんでいただきたくて」

「流行の色のこんなお洋服に合わせていただきたくて」

こんな**セールストークに繋がるように商品開発を進め、接客・販売をしていきました**。

実のところ、そこには商品群によっての売上データはあったものの、詳しくリサーチしたものはありませんでした。

私が直接お客様と話し、接客をしながらこんな属性のお客様はこういったデザイン、こんな価格帯であったら喜んで購入してもらえるのではないか……など、肌感覚でこんな感じのジュエリーなら喜んでもらえるのでは？　と仮説し、商品の作り込みをしていきました。

このようにどんどん商品開発をしていった結果、ありがたいことに次々と成果に繋がりました。ある年は、ピアスの販売が対前年比２２０％を記録することもあり、企画した私自身が驚いたこともありました。

そんな中、ある時突然「ひょっとしてこの発想がマーケティングに繋がっているのではは？」と気づいたのです。

その発想とは「ピアスがお好きなお客様で、特にファッションセンスに溢れ、その日の服装によってつけ替えたいという願望をお持ちの方に、新しくオシャレで他にはないデザインのピアスを開発し、それらを上手にお勧めすること」ということです。

その発想は、以前に読み漁った難しいマーケティングの書籍には載っていないごくシンプルな発想です。そんなことを考えるうちに、このシンプルな図「マーケティングの三角形」（次頁の図参照）にたどり着いたのです。この三角形が腹落ちしてから、私のジュエリービジネスは加速していきました。

これがマーケティングの三角形だ！

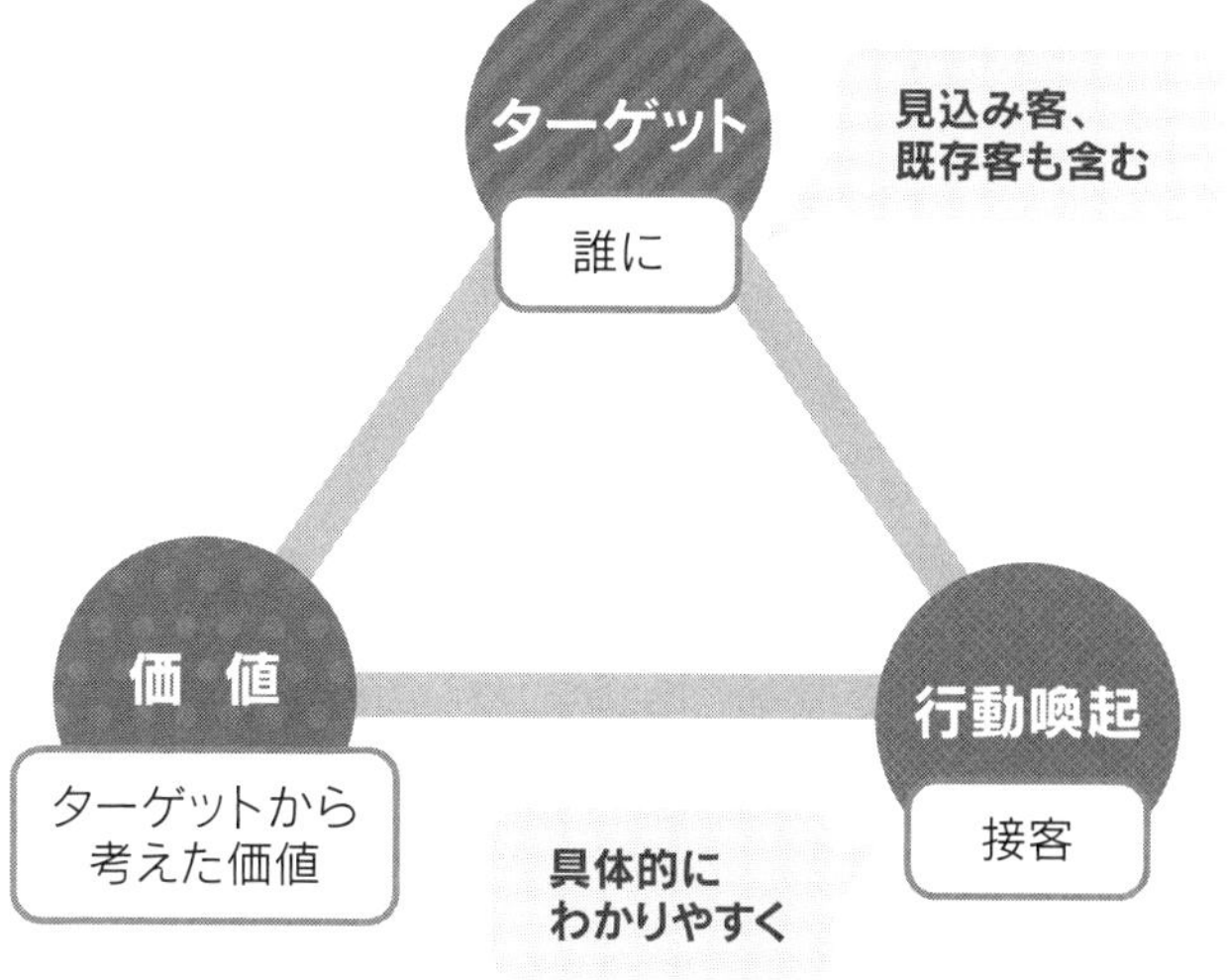

その頃、すべてはこのシンプルな「マーケティングの三角形」が肝なのかも〜と考え始めました。不思議とこの三角形がイメージできれば、商品開発から接客に至るまで上手に物事が運ぶことが少しずつ増えていったのです。ちょっと大袈裟に言わせていただくと、この三角形のイメージができれば、高確率で商談が成立すると実感できるようになったのです。もちろん、すべてとは言いませんが……。上手く成立した時に振り返ってみると、自身で「なるほど、そういうことだったんだ……だから上手くいったんだ〜」と納得できることが多いのに驚かされていきました。

ピアス開発のマーケティングの三角形

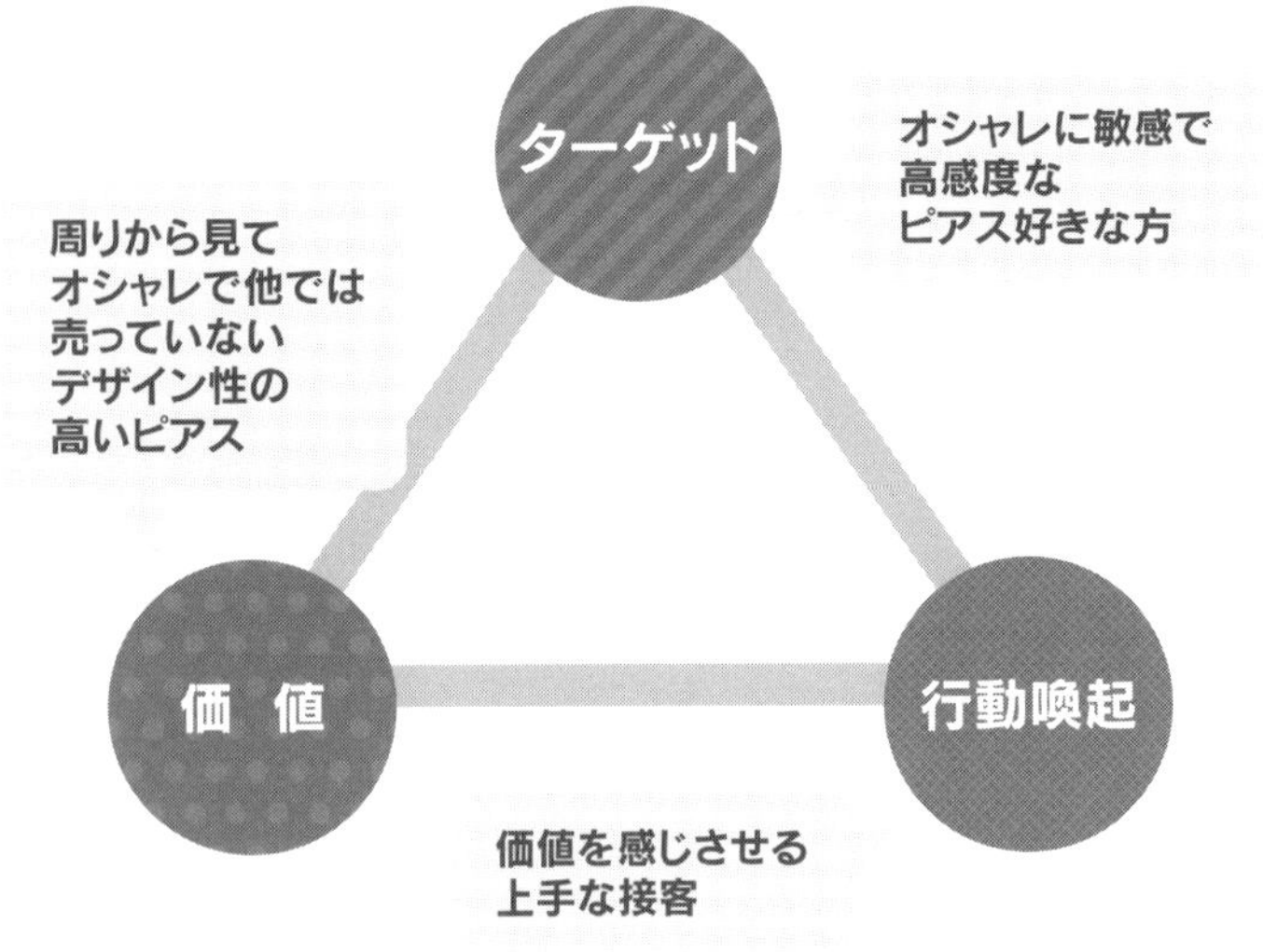

ジュエリーのピアス開発をその三角形になぞって解説すると……、

●ターゲット＝オシャレに敏感で高感度なピアス好きな方

●価値＝周りから見てオシャレで他では売っていないデザイン性の高いピアス

●行動喚起＝価値を感じさせる上手な接客

これらが成立すると、お買い求めいただけることが本当に多くなったわけです。

そして、現在各所でお伝えしている

「マーケティング発想」というコンテンツの大本も、ズバリこの「マーケティングの三角形」からの発想になるわけです。

この考えは、後に知る新しい発想のマーケッターの先生方も提唱されていて、今更ながら大正解だったと考えます。

新幹線での衝撃的神対応アナウンス

「マーケティングの三角形」を理解するために、もう一つわかりやすい例を挙げましょう。

少し前まで、何だかんだで毎月東海道新幹線に乗る機会に恵まれていました。コロナ禍でも、緊急事態宣言の発令されていない時は、毎月複数回乗車していました。

新幹線に乗る時の楽しみの一つは、何といっても富士山を見ることです。雲一つない青空の下の富士山は、優美でとても壮大で、見るたびに世界に誇れる日本一の山だなぁと思います。たとえ雲がかかっていたとしても、また違った味わいがあり、その時、その時の富士山の表情を見ることは、私の楽しみの一つになっています。「今日の富士山はどんな表情をしているかな？」と、富士山を見たくて、いつも新幹線では山側（北側）の席を予約するのです。

それは4年前の12月、キーンと空気が張り詰めた寒い朝、いつもと同じように新横浜駅から新幹線に乗車しました。月に一度訪問していた奈良のクライアントの企業様のところに行くためです。

さて、私には新幹線に乗車したら、いつも必ずやることがあります。それは、パソコンを立ち上げて、その日の研修やコンサルティングに使うパワーポイントなどを見直す業務です。作業をしていると、そのうち車窓が気になり始めるため、ブラインドを下ろして集中できる環境を作ります。その日もいつも通り、パソコンの作業に集中していました。

そして……しばらく経つと、こんなアナウンスが流れました。

「毎度東海道新幹線にご乗車くださいまして誠にありがとうございます。皆様の右手には富士山がお目見えしました。本日の富士山は素晴らしく、雲一つない、滅多に見られない景観の富士山です。ぜひ、スマートフォンやカメラなどでお写真にお収めいただいてはいかがでしょうか……」

JRも、粋なはからいをしてくれるではありませんか（笑）。

そのアナウンスを聞いた私は、「今日の富士山はそんなにきれいなの〜？」と疑いつつも、パソコン操作をする手を止め、ブラインドを上げました。

なんと！　確かにそこには、雲一つない本当に素晴らしい景観の富士山が見えるではありませんか！　私は思わずスマホを取り出し、素晴らしい富士山をパシャパシャと夢中で撮りまくりました。

ふと気がつくと、その車両のほとんどの席でシャッター音が鳴り響いていました。

実のところ、この車掌さんのアナウンスにこそ「マーケティングの基本」が詰まっているのです。

「なになに？」とおっしゃるかもしれませんが……。

ここからはそれについて解説します。

では、ここから、〔マーケティングの三角形〕について細かく解説していきます。

マーケティングの三角形をもっと詳しく！

①ターゲット——「ことば化」で絞り込む！

前述の新幹線の話の中で、私がいつも新幹線の山側（北側）の席に座るのは、「富士山が見たい」から……とお伝えしました。

仮に私が、まったく富士山に興味がなかったら、車掌さんのあのアナウンスを気に留めることはなかったと思います。それはつまり、あのアナウンスは、冒頭で「どんな人にこのアナウンスを聞いてもらいたいのか」を選別していたことがわかるのです。もちろん、車掌さんはそこまで考えていたわけではなく、サービスの一環としてアナウンスをしたのだと思います。

車掌さんの気持ちを代弁するなら、新幹線の乗客に「こんなにきれいで滅多に遭遇できない、美しい富士山を見てもらいたい！」というサービス精神と、善意の気持ちから放送されたのでしょう。それが結果的に、富士山を見たいと思っていた私が行動するきっかけ

新幹線アナウンスのマーケティングの三角形「ターゲット」

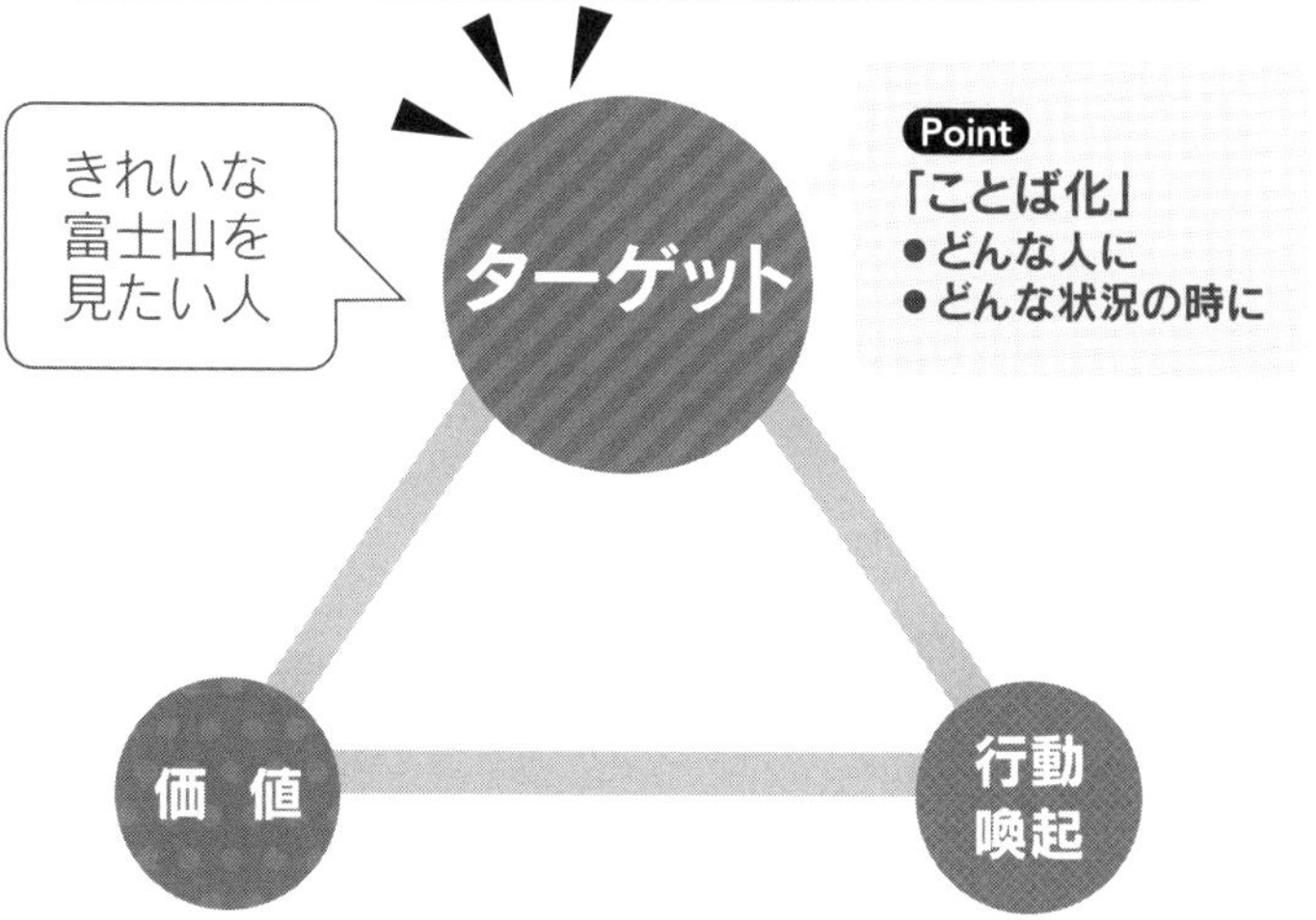

となり、実際に行動を促し、あの1枚を写すことができたわけです。

ここで整理して考えてみましょう。

この一連の出来事を、マーケティングに当てはめて考えてみます。

前述のアナウンスは「どんな人に」に聞いてもらいたくて放送されていたか。

このケースの場合、「どんな人に」は富士山を見たい人、さらに付け加えるなら、きれいな富士山を見たい人に、ですね。

この「どんな人に」をマーケティング用語に直すと、「ターゲット」と呼ばれる存在になります。そして「ターゲットを絞る」ことを「ターゲティングする」と伝えています。ターゲットについては、第3章にて詳しく説明します。

ターゲットを絞り込むための方法として、「ことば化」することをお勧めしています。「ことば化」とは、文字通り、頭で思考していることを「言語化」することです。「ことば化」することは簡単なようで、実はそう単純でもありません。頭でしっかりと理解し、整理ができている状態でないと「ことば化」することはできないからです。

どんな場合にも共通するのですが、たとえばミーティング等の席上で人に何かを伝えようとする時に、しっかり「ことば化」できているかどうかで伝わり方は違ってきます。

この場合も同じで、頭の中で思い描く人物像を「ことば化」することで、何より自身が思い描いている人物がどんな「人」なのか整理できるはずなのです。

ターゲットを簡単に「ことば化」するには、次のたった二つの用語を用いることでよりわかりやすくなります。ここをしっかりと捉えると、「誰に向けて発信しているのか」が整理され、わかりやすくなります。

「どんな人に」

「どんな状況の時に」

この二つの言葉です。

多くの広告代理店やマーケティングを行なっている会社では、「どんな人に」をもっと細分化したり、リサーチをしています。

男女別、年齢別、職業別、地域別、家族構成や趣味等、そのターゲットが置かれている状況を細かく分析するのがセオリーです。ただ、こういった詳しい分析や数値は専門の会社や専門部隊にまかせないと把握はできません。

確かに細分化することは有効だと思います。しかしここで私が伝えたいのは、もう少し人の気持ちを単純に考えてみてはどうか、ということです。「○○がしたい」「○○が見たい」「○○が食べたい」「○○が知りたい」という欲求を、よりわかりやすく「ことば化」することで、「どんな人に」がわかりやすくなるわけです。

イメージを膨らませる手伝いをする

ここで考えなければいけないのは、**その欲求が、顕在的なものか潜在的なものか**ということです。

顕在的欲求とは、自分は「何が欲しい」のか、単純に「ことば化」することができ、「欲しいモノ・サービス」に対してはっきりと自覚がある状態。氷山に例えると、水面に出ている氷と同じで、明確に可視化されている部分のことを指します。

それに対し潜在的欲求とは、自身に明確な自覚がないにもかかわらず、何かしらの欲求がある状態を示します。氷山に例えると、水面下に隠れている部分で本人も自覚していないが実は欲求度が高く、目には見えないが大きい部分を示します。

自身も意識していないだけにわかりづらいのですが、日常を通じて突発的に気づいたり外部からの刺激で掘り起こされたりして、顕在化されることもあります。

たとえば、先ほどのケースなら、「きれいな富士山が見たい」というのは、直接行動に関わる顕在的な欲求です。

一方、「雄大な景色を観て、ゆったりとした気持ちになりたい」が潜在的欲求だと言えば、わかりやすいかもしれませんね。


少し難しい話になりますが、たとえば、これが生命保険ならどうでしょうか。

生命保険に必要性を感じなければ、日常的に生命保険に興味を持たないと考えるのが普通ですよね。

そこで「もしもの備え」として生命保険に加入すべきだと思っていたとしましょう。ただ普段の生活では、なかなか必要性を感じない……。それが何かのきっかけで必要性を感じると、途端に生命保険が関心事としてクローズアップされるわけです。それは結婚・出産であったり、身内の病気・不幸であったり、はたまた介護などがきっかけとなり、生命保険の必要性を感じるようになったことで潜在的欲求から顕在的欲求へと変化するわけです。

最近の出来事として、新型コロナウイルスに感染して入院した場合、保障額が割増しになります……などとうたった医療保険を目にしました。まさに世相を反映した保険商品であり、医療保険未加入の方にとっては、魅力的に映るかもしれませんね。

そこで営業的なヒントとして、お客様が直接そのものに興味がない場合、必要だと感じるシチュエーションを、接客時に話をするなどしてイメージしてもらうことを考えてみましょう。

人はイメージができないと、なかなか行動に移すことができません。

よって、潜在的欲求止まりの方をターゲットにしようとした場合、まずは**その商品が必要になるであろう「その時」をイメージしてもらう**ことから始めるのが得策になります。

「どんな時」に必要と感じるか？「どんな時」だったら購買しようと考えてもらえるか？そのシチュエーションを考えることがイメージの一つの柱となります。

マーケティングの三角形をもっと詳しく！

②ターゲット目線の「価値」を見極める

では次に、「価値」について説明をします。

実のところ、ここが一番説明するのが難しく、文章にすることも困難な部分です。

新幹線の車掌さんのアナウンスを例に挙げると、「雲一つない、滅多に見られない景観の富士山」の部分です。**「価値」とは、人によって様変わりします**。たとえば「富士山が見たい」私からすれば、それほどきれいな富士山なら断然見たくなりますが、仮に富士山にまったく興味がない方からすれば、「へぇ、そうなの〜」程度のことになるわけです。

つまり、私は富士山に強く価値を見出しますが、後者の方はまったく価値を見出さないということです。これをターゲット側から判断することが「ターゲットから考えての価値」に繋がるのです。

ですから、その価値は誰もが欲しているわけでないことを理解しつつ、欲するであろうターゲットに届くように発信しなければならないのです。


ただし厄介なのが、商売が絡むと、そこに売り手と買い手の乖離《かいり》が生まれてしまうことが多いということです。簡単に言うと、売り手からすればこの商品が売りたい、だからどうにかして価値を感じてもらえるように伝えようとします。

しかし、**そもそもその商品に興味のない買い手からすれば「価値を感じない」ことに対して熱心に説明されても、心は離れていくばかりです**。それを売り手が理解していないこ

新幹線アナウンスのマーケティングの三角形「価値」

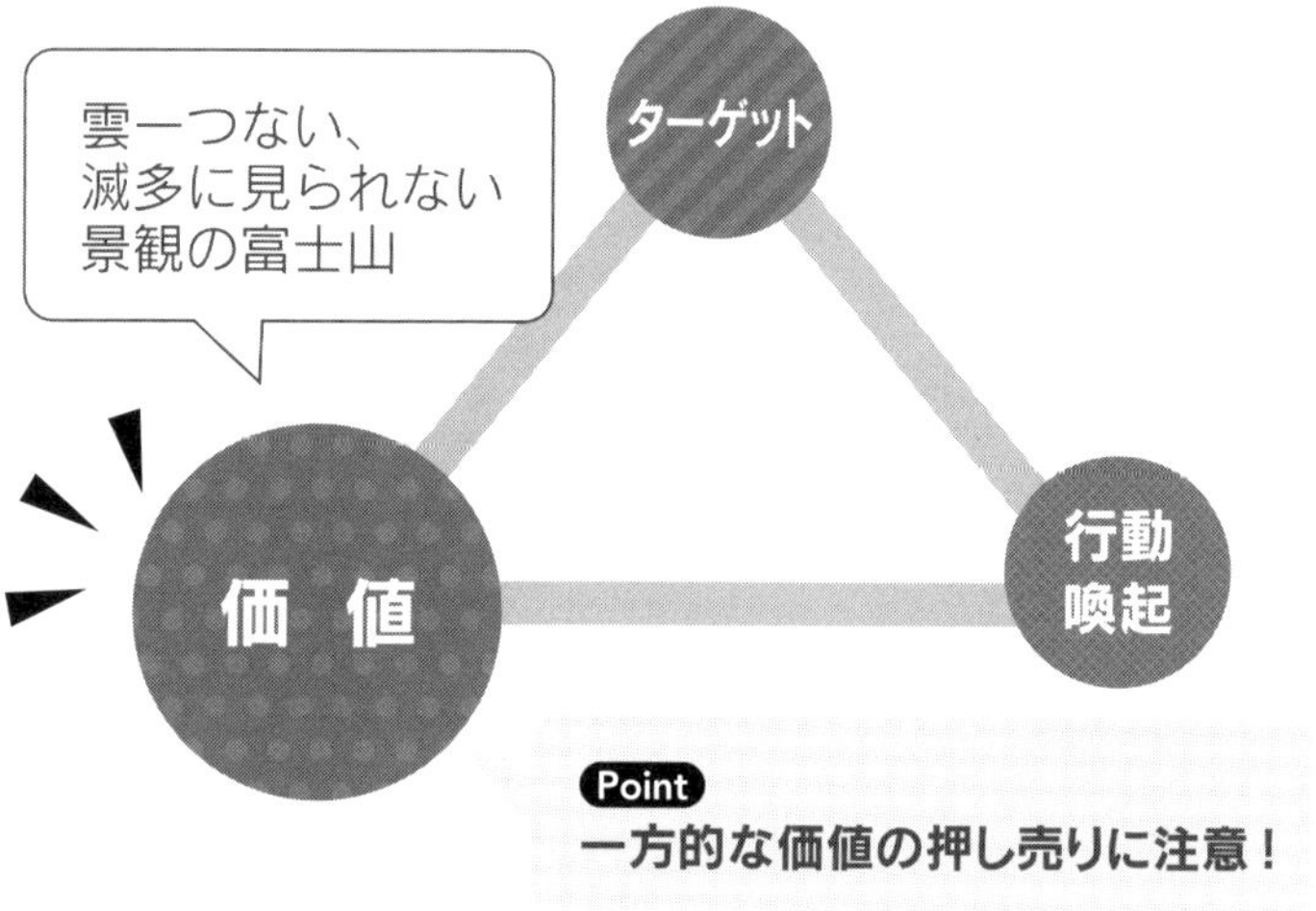

とが、この問題で最も多いと感じます。

そのわかりやすい事例として、こんなエピソードがありました。

百貨店時代の話です。ライセンス契約の切れたブランド商品を外商顧客に対して内々で格安にて販売するというキャンペーンがありました。売り場との兼ね合いもあり、外商部長が大号令を出すと、真面目な外商セールス部員達は、場当たり的にお客様に勧めていました。在庫処分なので、定価の半額以下のものもあるなど確かに安いのですが、そこは取り扱いがなくなったブランドの商品です。多くのお客様は興味を示さないどころか、迷惑そうにしているというシーンを目にし、いたたまれない気持ちになったのを覚えています。

これは、売り手からの価値の押し売りであり、買い手のことをまったく考えていない悪例です。

売り手の一方的な価値の押し売りは、結果的に顧客を逃がすことにも繋がりかねないので、十分注意する必要があります。

ただ、中には「価格」が魅力で購買を検討する顧客もいるはずです。ですから、そこを見極める「接客力」が必要となるのです。

そこを踏まえて、私ならこんなふうに顧客に伝えます。「実は、こんな企画もございますが、う〜む……確かに価格的には魅力的なのですが、○○様はご興味ございませんよね〜!?」など（笑）。おわかりになりますか？　この言い方をすると、お客様のステイタスを理解しつつも、万が一興味を示したお客様に確実にアプローチすることができるのです。

ここまではいかなくても、こういった押し売り的なことは世の中に多く存在するのではないでしょうか。**価値は売り手から考えるものではなく、買い手からの発想で考える**

べきで、しかもそれは、できる限り個別に考えるべきだと私はコンサルティング時に説いています。

マス（大きな対象）のお客様をターゲットにする場合は、そこまで考えることは難しそうですが、先にも触れたように、実のところほとんどの商品が、細分化されたターゲットを仮説しながら開発されています。その場合、細分化されたターゲットから見て「どういうものを」「どういったことを」価値として感じてもらえるか……をデータから分析しているのです。

マーケティングの三角形をもっと詳しく！

③行動喚起から最終到達点までの道のりは丁寧に

「マーケティングの三角形」の三つ目、「行動喚起」について説明をしましょう。

広告や宣伝、接客、営業にしても、お客様に「○○してもらいたい」という最終的なゴールがあるのですが、そうそう一足飛びに、自分が思うように人を動かすことはできません。

ですから、そのつどそのつどで身近なゴールを設定して「〇〇をしてもらいたい」ということを伝えて行動してもらわなければならないのです。

最近は、「詳しくは〇〇で検索」などという文言をよく目にしますが、まさにそのことです。ターゲットを絞り、そのターゲットの関心事項について情報を提供する、その上で心に留めたと思われる人をこの言葉で誘導する、この手法はマーケティングの王道です。

通常、どなたでも持っている名刺でも、配られる広告チラシなどの紙媒体にしても、さらに今時のWEB広告にしても、ゴール設定をはっきりさせたほうが反応率が良くなるはずです。

先ほどの話に戻りますが、新幹線の車掌さんは「お写真にお収めいただいてはいかがでしょうか……」とアナウンスをされたので、私も堂々とスマホのカメラでシャッターを切ることができました。実際に、山側に座っていた乗客のほとんどが、他の乗客のことを気にすることなくシャッターの音を鳴らしていました。それは、その車掌さんが言葉で写真を撮ることを推奨されたからに他なりません。

新幹線アナウンスのマーケティングの三角形「行動喚起」

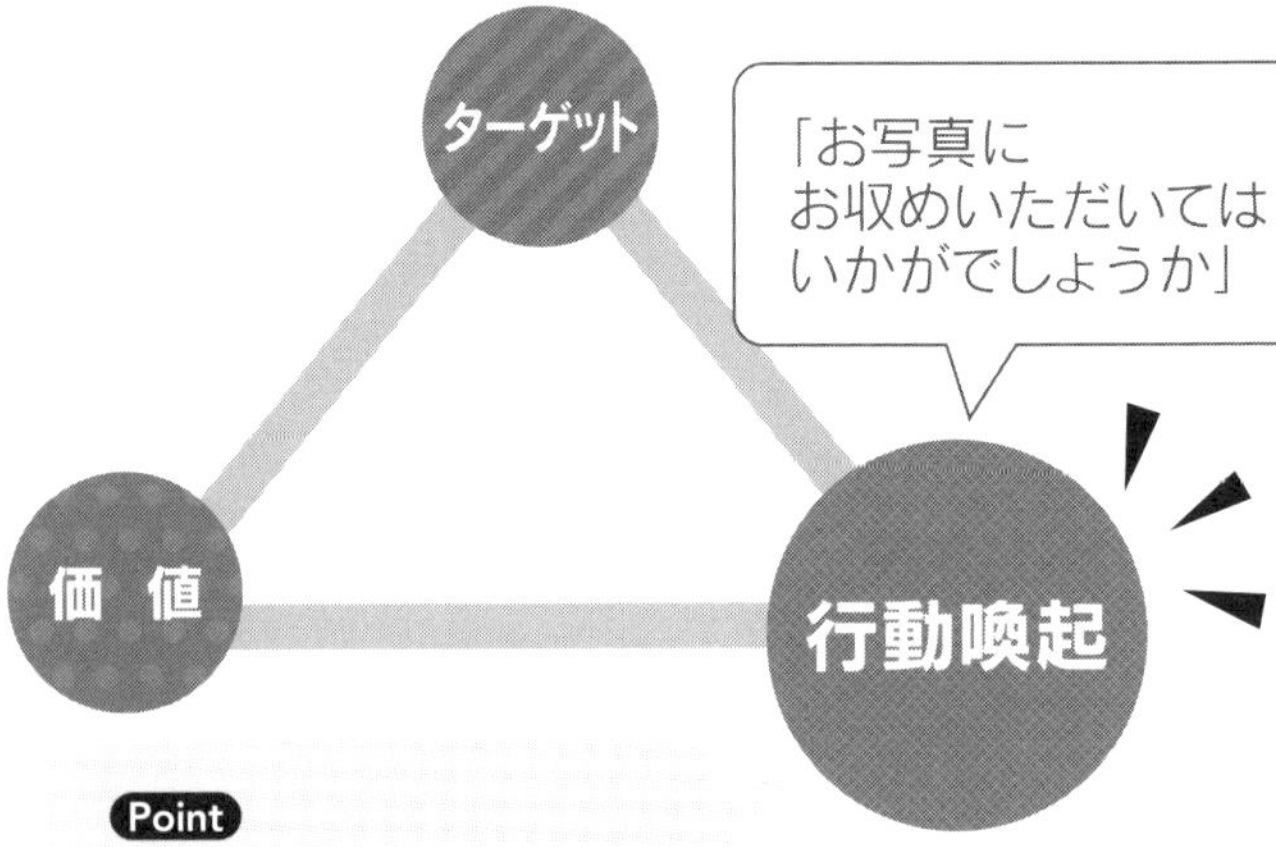
ターゲット
「お写真に
お収めいただいては
いかがでしょうか」
価　値
行動喚起

Point
具体的に細かく誘導する

そのアナウンスが「きれいな富士山をご覧ください」だけだったらどうでしょうか。見るだけで満足する人もいるでしょうし、シャッター音に気を使うなど周りのことを考えて、写真を撮らない人もいるかもしれません。

つまり、**細かく誘導されると、人はその行動をとりやすくなります。**逆に言えば、発信者はターゲットに対し、してもらいたい行動をより具体的に発信することで、人を動かすことが容易になるのです。

たとえばテレビショッピングなら、単に「お電話をください」ではなく、

「今すぐお電話を！」と言うほうがより具体的な発信になります。さらに最近では「今から30分間、オペレーターを増やしてお待ちしております！」という言葉が頻繁に使われます。これは、買い手へのウェルカム感を出し、さらに電話が殺到しても受け付けられますよというイメージを与えるだけでなく、30分間を過ぎて電話すると、お待たせしてしまいますよという情報を、間接的に伝えるフレーズだと考えられます。

私の場合、提供できる価値や届けるコンテンツも日々進化するので、だいたい年に一度は名刺をリニューアルしています。この名刺のゴール設定は、私に興味を持ってもらった方に「モヒカン紳士」というユニークなキーワードで検索してもらうことです。もうすでに検索していただいた方はおわかりでしょうが、このキーワードで検索すると私のブログがトップに上がります。生駒俊介がどういった人間で、どういった想いや発想でこの仕事をしているかということを広く知っていただくために、私はそのブログを日々更新しています。

また、次に作る名刺では、最近力を入れている「YouTube」への誘導をしようと考えています。名刺にQRコードを載せるなど、私のYouTube『モヒカンチャンネル』

を簡単にご覧いただけるようにしようと模索中です。

いずれにせよ、**相手に「どういった行動をとっていただきたいか？」という行動喚起を具体的にしっかりと伝えることが必須**です。そこが抜けていては、情報発信の意味をなさない可能性もあり、とてももったいないことになります。

そういった発想で、街の広告・宣伝に目を向けると非常に勉強になります。たとえば、あなたが何らかのネット広告を見て商品を購買したなら、自身の心理がどう動いたかを俯瞰的に分析してみましょう。その時、あなたはその広告のターゲットであり、何らかの価値を感じ、そして「今すぐここをクリック」の言葉に誘導され、クリックしてしまったのではないでしょうか。

このように、優秀な広告であればあるほど相手を誘導することができるのです。こう考えると、行動喚起がいかに大切かがおわかりいただけるのではないでしょうか。

シンプルに捉えると見えてくるコト

マーケティングはとどまらない

世の中には人の数だけ考えがあり、「〇〇論」といった類のものが多く存在します。マーケティングもまた然り。世の中に出回るマーケティングについて書かれた数々の本は、「マーケティング」について書かれた書籍としては、間違ってはいないのです。

しかしながら、それらの本に書かれている内容の多くが実用的かというと、そうではないようにも感じます。その会社や個人の業種・業態・規模感によっては適さない本も多いということです。大企業と中小企業、はたまた小さな個人企業でも違いがあります。もちろん、明らかに資金面の差もありますが、大企業が成功した手法を個人企業が真似をしたところで、必ずしも成果に結びつくわけではないことは、ご承知のことと思います。逆も真なりで、個人企業の成功事例が大企業に当てはまるかというと……それもあまりないような気がします。そう考えると、どのマーケティング本も正解でありながら、すべての企業や個人に適しているかというと、それは違うように思われます。これは、先ほど述べた「ターゲティング」が共通しているか、どんな人（会社）に価値を提供しているかが、それぞれの本によって異なるからです。

また、本格的なマーケティング論となると、これは学術的な側面もあり、ビジネスの現場では合致しないことも多いように思います。そして、学術的なことにしても実践的なことにしても、すべてにおいて日々進化し、少し前に正しかったことでも、その瞬間〝今〟にはマッチしないということも多いのではないでしょうか。

マーケティングは常に進化しているのです。

私も、大学の講義で「マーケティング論」なるものを履修し単位も取得しましたが、実際にビジネスの現場に立ち、振り返って考えてみれば、あの頃学んだマーケティング論って一体何だったんだろうと思います。

最近の傾向として、マーケティングというワードに引っかけた新しい複合語を目にします。「○○マーケティング」や、「マーケティング△△」など……それらはある種の世相を反映した流行であると考えられます。

ただし、マーケティングの普遍的な本質は常に一つで、

「価値をいかにして伝えるか？」

であり、「○○マーケティング」などという流行言葉は、それらを新しく見せる表層的な表現や伝え方の手法を上手く「ことば化」したものだろうと思います。

活字の「マーケティング論」では、なかなか難しくて理解できないことも多いでしょう。**シンプルで、その発想がすぐに頭に浮かぶ内容だからこそ、そのマーケティングの考え方は初めて「使える」レベルになる**わけです。

これらの考えから〈マーケティングの三角形〉なら難しくなく、より実用的なのでは？と考え、研修でも説かせていただいています。

営業、接客に〈マーケティングの三角形〉は不可欠！

いろいろと試行錯誤しましたが、先に解説した〈マーケティングの三角形〉こそが、マーケティングの本質を捉えていて、普遍的な発想ではないかと私は考えています。こと営業や接客となると、この発想が何より当てはまるのです。

接客においても営業においても、「目の前のお客様（企業）の目線から考え、この品物・サービスをご購入いただくとこんないいことがありますよ、起こりますよ、だから決めませんか？ 契約しませんか？」と、シンプルな発想をベースに営業・接客をすると、伝え方や伝える順序がはっきりするのではないでしょうか。

広告や宣伝においても同じで、ターゲットのことをイメージし、そこに「価値」を提供し、行動喚起を促す……このシンプルな流れは変わらないと考えます。私が教えるＰＯＰの講習においても、ベースはこの三角形に置いています。営業や接客のキーもこの三角形にあり、大切なのは「どうすれば価値がお客様に伝えられるか？」という発想と繋げてもらいたいということです。

ある会社（東証一部企業）でのプレゼンテーションで、この発想について説明しました。先方の部長は「なるほど、この発想はシンプルでわかりやすいですね。これは**営業や接客だけに留まらず、人材育成や、人生においても知っていれば得をする発想だということが理解できました**。私がこの発想をもっと以前から知っていたら、人生が変わっていたかもしれません」と笑いながらおっしゃっていました。

現在、私はこの「マーケティングの三角形」をベースにした人財育成コンテンツを開発し、金融機関のマネージャーを対象とした「部下育成研修」を実施しています。おかげさまで、受講した方から理解しやすいと高い評価をいただき、リピート受注をいただいています。

私が推奨する**〔マーケティングの三角形〕は、大きく言うと人間関係のほとんどに応用できる発想であり、それは無限の発想であり価値を伝える極意に通じる**と考えます。

その昔、ジュエリーの接客時にも、常にこの三角形を意識しながらお客様一人ひとりに向き合ってきました。接客に対しての成約率も人一倍高く、たくさんのお客様から支持をいただきました。振り返ってみれば、支持を得られた理由のすべてはこの〔マーケティングの三角形〕に集約されます。

「価値」は伝えたい相手に伝わってこそ「価値」になる

研修やセミナー等で、下のスライド画像を受講者の皆さんに提示します。

最初、「?·?·?」だった受講者も〔マーケティングの三角形〕を解説し、事例を紹介したり、ＰＯＰ作成等のワークを行なったりして理解力が深まると、一様に頷《うなず》く回数が増してきます。

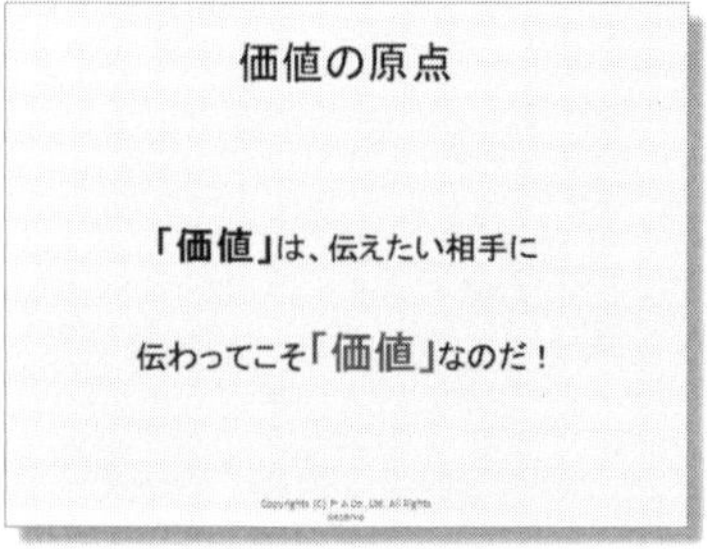
価値の原点
「価値」は、伝えたい相手に
伝わってこそ「価値」なのだ！

俗に言う「神対応」もこの〔マーケティングの三角形〕が基本となり、最後の行動喚起に「サプライズ性」「感動」という感情ワードがくっついてくることだと思います。

お客様に喜んでもらいたい。
お客様にもっと笑顔になってもらいたい。

こういう気持ちは、サービス業に従事するほとんどの方が持ち合わせており、理想ではないでしょうか？

これらの発想が基本となり、価値を提供することがやがて「感動」に繋がるのです。
そこには無論、テクニックを要することも多くあります。
ただ、テクニックにとどまらず「気持ちをどう伝えるか？」「どう伝えようとしたか？」が最重要ポイントになるのです。

相手の立場に立ち、「こんなことをして差し上げたら、もっと喜んでもらえるのではないか？」の発想をベースに行動するのです。

それには時として、「勇気」が必要なこともあるでしょう。

こんなことをするとクレームになるのでは？　というネガティブな発想を捨てて、相手のことを考え、喜んでいる姿をイメージして行動してみましょう。

その時に、相手が何を価値として感じ、受け取ってくれるか？

あなたのどんな言葉や行動が価値に繋がるのか？

そこをお客様目線で考えられるようになると、「神対応」に一歩近づくのです。

〔マーケティングの三角形〕に、サプライズ性をスパイスとして加えてみる……それが大きな感動に繋がり、その結果「神対応」と言われる接客になるのだと思います。

そして、〔マーケティングの三角形〕のベースは究極のコンテンツ、「M・K・S」に集約されます。それを踏まえ、次のコラムをご覧ください。

コラム モヒカン紳士がゆく！②

これぞ神対応事例……塚田農場にてしてやられた件

数年前のことになります。私は学生時代、ハンドボールというマイナー競技に情熱を燃やしておりました。学生時代、毎日大学に行くには行くのですが、教室には向かわず体育館に通う日々でした。ただ勝利を目指して毎日「練習」＆「練習」の日々、ファイティンぐ～していたのです。

その頃の我が母校は、日本の大学の中でも常に優勝争いをするくらいのレベルでした。春と秋に開催される関東学生ハンドボールリーグでは、1部リーグの頂点を目指して鍛錬を積んでおりました。おかげさまで4年生の時には、秋リーグで全勝優勝を果たしました。

時は流れ……そんな黄金期は去り……いつの間にか関東リーグの2部に転落……しかも入れ替え戦に敗れ、次の年の春リーグも2部で戦うハメに……（因みに関東大学リーグは上部の1部から8部までございます）。

これは、母校の応援に行った際のお話です……。その

年の春リーグ2部で優勝し、再び1部との入れ替え戦に出場。

結果から申しますと、秋リーグに苦渋を舐めさせられた駿河台大学を撃破、1部復帰を果たしました！　ホッ！

その帰り、試合会場にほど近い田園都市線の青葉台駅近くの塚田農場で一杯やることになり、大学の同期で監督を務める実方をはじめ、長沼コーチなどに参加してもらい、ささやかな祝賀会を催しました。

男6人で、ナンダカンダ（爆笑）。やっと1部に復帰できる嬉しさと安堵感から、相当盛り上がったりで楽しい宴《うたげ》だったのですが、そろそろ締めようか……といったタイミングで出てきたのが、「写真のデザートプレートなんです（頼みもしていないのに……）！

お店を予約してくれた長沼コーチもビックリ!?　そこには、母校中央大学そして……ハンドボール部、その横には、送球魂の文字が……！　そして何より、切り抜きのmo－ｌｔｅｎのハンドボールの絵までがあるではありませんか！

えええええっ～！　てことで、一同ビックリするだけでなく、ある意味の感動すら覚

えました～^_−☆

ガーサスの塚田農場！　人の心の掴みどころがわかってらっしゃる!!!　楽しい宴の締めにピッタリのデザートプレート！　本当に感謝する次第です！

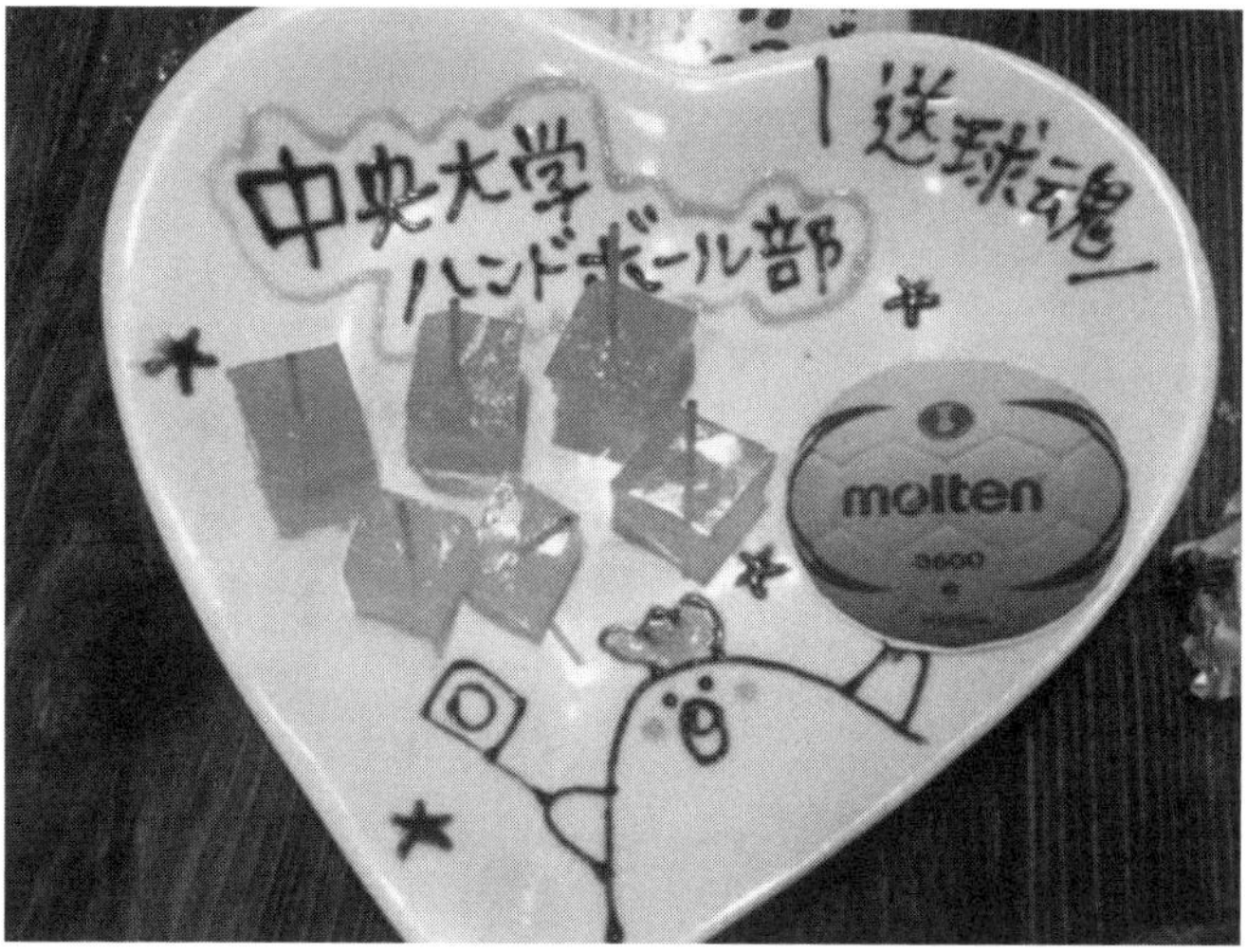

【神対応】

その心得は、「お客様の心をこれでもか！　って感じで鷲掴みにすること」ではないでしょうか!?

その時は、塚田農場に本当にしてやられました～。あまりのサプライズで侮れないなぁ～との感想と共に、素直に嬉しかったでっす～！

で、我が母校の中央大学ハンドボー

ル部は、その次の秋から1部復帰にて切磋琢磨し、昨年2020年の秋リーグにおきまして、本当に久しぶりにリーグ優勝を果たしてくれました。

コロナ禍ですが、我々OBにとりましてめちゃくちゃ明るい話題を久方ぶりに提供してくれました。

第3章

事例満載！〝ヒト発想〟のススメ

～P to Pマーケティング®の肝

自販機に見る三つの物語

価値の三つの切り方

ここからは、より具体的なマーケティングの戦略について見ていきましょう。
私は、マーケティング戦略には「三つの価値」が存在していると説いています。かなりおおざっぱではありますが、この「三つの価値」を押さえていただき、あなた自身やあなたの扱っている商品やサービスの情報発信を考える上でのヒントにしていただきたいと思います。

こんなことを考えてみました。

どなたでも一度は利用したことがある、飲料水が売られている「自動販売機」についてです。

日本全国には飲料水が売られている「自動販売機」が、なんと、228・5万台（「2020年統計）あると言われています。

時々、一本100円で販売している自販機も見かけますが、そのほとんどが定価販売なのが自販機の常識ですよね。

なぜ、そんなに多くの自販機の存在が成立しているのでしょうか？

もちろん、その答えは簡単ですね！

自販機で飲料水を買う方が多いからに他なりません。

日本では、街中至るところで飲料水が売られています。コンビニエンスストア、スーパーマーケット、ドラッグストアなどなどです。それだけ多くのお店、いわば競合他店があっても、自販機は商売として成立しているわけです。

その事実を踏まえて、次を読み進めてみてください。マーケティングから見た「価値」

や「価格」についての理解が深まると思います。

「価値観」から考えたマーケティング

ここからは、「三つの価値」について、先ほどの自動販売機を巡るさまざまなシチュエーションを用いてわかりやすく説明します。

ある夏の暑い日……あなたはどうしてもある清涼飲料水を飲みたくなりました。すると近くにその清涼飲料水を売っている自動販売機がありました。もちろん、価格は定価の120円です。

「どうしようかなぁ〜⁉」と迷った時、あなたは思い出しました。

「そうだ、この先3分ほど歩いたところにドラッグストアがあったなぁ」

そう、そのドラッグストアにも同じ清涼飲料水が売られていて、しかも価格は88円だったことを思い出したのです。

「どうせ同じものを買うのなら、安いほうがいいに決まっている！」

あなたは、夏の暑さにも負けず3分ほど歩いてドラッグストアに行き、お目当ての清涼飲料水を88円で購入。やっと口にしたその瞬間……、

「やっぱ、これおいしい～！　しかも安く買うことができて大満足～！」

といった経験、ありませんか？　あるでしょう⁉

このことをマーケティング視点で解説してみると、以下の一文で表現することができます。

「どうせ同じものを買うのなら、安いほうがいいに決まっている！」

これはほとんどの人が持ち合わせている感覚、いや本能といいましょうか、習性なのだと思います。もちろん、この私も同じです（笑）。

人は、これまでに経験した、もしくは今置かれている状況下で「そのものはいくらで購入すべき」とか「いくらで購入できれば満足する」といった、モノの価格に対する価値観

が備わっているのです。

この場合だと、１２０円と88円の差額32円に大きな意味があります。32円「得する」ためなら、たとえ暑い日差しの中、３分歩いてでも「得」をしたくなるのです。

「得」は、32円という揺るぎない数字で表現されています。32円得することが、あなたにとってその時の無類の「価値」だと判断したわけです。

このようなことを、私は「絶対的価値」と表現しています。

まさに「絶対的価値」は、その方の価値観から創造される価値で、これは人によって異なることも多いのです。なぜなら、人は皆違った経験の下で生きていますし、今置かれている環境・状況もさまざまだからです。

とはいえ、どうせ同じものを買うのなら、安いほうがいいに決まっていますよね？

くり返しになりますが、これは人が誰でも持ち合わせている本能であり習性なのです。

そして、私はこの場合のキーワードを、

「お買い得」

と伝えています。

あなたは、「お買い得」はお好きですか？

このところ、ＡｍａｚｏｎのテレビＣＭでも「お得〜！」というフレーズを連発していますよね！　Ａｍａｚｏｎのサイトには「お買い得」がいっぱいあり、他のサイトより「絶対的価値」が勝っている……と言いたいのだと思います。

「絶対的価値」……この言葉、覚えておいてください。

「感情」から考えたマーケティング

では、次に紹介するエピソードは、先ほどの例とは対照的なものになります。

ある夏の暑い日……あなたはどうしてもある清涼飲料水を飲みたくなりました。すると、近くにその清涼飲料水を売っている自動販売機がありました。もちろん、価格は定価の120円です。

「どうしようかなぁ〜⁉」と迷った時、あなたは思い出しました。

「そうだ、この先3分ほど歩いたところに、ドラッグストアがあったなぁ」

そう、そのドラッグストアにも同じ清涼飲料水が売られていて、しかも価格が88円だったことを思い出したのです。

と、ここまでは先ほどと状況はまったく同じです。

ただ、あなたは**「とにかく、早く飲みたい！」**という気持ちでいっぱいになり、「もう、この暑さの中3分も歩いてられない！　早くこの乾いた喉を潤したい！」という衝動に駆られ、目の前の自動販売機でお目当ての清涼飲料水を購入し、シュパーッとふたを開けて、一気に喉に流し込み……、

「あ〜、最高っ！」

こんな経験もあると思います。

この行動は、
「どうせ同じものを買うのなら、安いほうがいいに決まっている！」という、ある意味冷静な価値観より、

「今、すぐ飲みたい!!」
という感情が上回ったと判断できます。

誰もが持つ、この「飲みたい一瞬」があるからこそ、自動販売機が日本全国にこんなにも多く存在できるのかもしれません。
つまり、32円得したい～という金銭的な価値観より、「今すぐ飲みたい」という感情が上回ったわけです。

その瞬間その瞬間で、人の感情は動くものです。

何が言いたいかというと、「買いたい！」「食べたい！」「飲みたい！」という欲求を　そ

の時に満たすことができれば、少し高くても購入動機に十分に成り得るということです。
今時は、ほとんどの駅に自動販売機が設置されています。もちろん、他に買う場所がない……というのも立派な購買動機になります。しかし、目的の駅の前に安く売っているドラッグストアがあったとしても、目の前にある自動販売機で購入する方も多いのではないでしょうか。

ここで、さらに他の例でお話ししてみましょう。
あなたの周りに、「趣味」のモノであれば高額なモノでも平気で購入する人、いらっしゃいませんか？　そんな人、割と多くありませんか？

たとえば……、

「鉄っちゃん」と呼ばれる鉄道ファン
釣りが大好き「釣りキチ」
最近増えているアニメファン

○○坂のオシメンのファン
ひと頃の韓流ファン　　などなど

世の中には、数え切れない「ファン」が存在しますよね。

「ファン」になると、人によって許容範囲はあれど、支払う金額よりも提供される「価値」が欲しくなる。

たとえば、所有したいという欲求が抑えられなかったり、収集欲が湧いたり、ＣＤを買って総選挙で一票を投じたりと、そんな感情が上位にくると……ついつい買ってしまう～ということはよく聞く話です。

これって、前述の「お買い得」とはまったく価値観が違っていることに気づきませんか？

これこそが、**「感情」から考えたマーケティング**です。そして、私はこの「感情」から考えたマーケティングのキーワードを、

「心地よさ」

だと表現しています。

ご理解いただけますか？

趣味のモノを買おうか考えている時のワクワク感に始まり、それを購入することを決めて手にした瞬間の快楽を、脳は、まさに「心地よさ」として覚えているのです（人によっては苦しみかもしれませんが）。

だから、ついついのめり込んでしまうのかもしれませんね。

脳は必ずといっていいほどその時の「心地よさ」を覚えています。

「人」から考えたマーケティング

さらに別の視点から考えてみましょう。

先ほどの清涼飲料水のお話です。

ある夏の暑い日……あなたはどうしてもある清涼飲料水を飲みたくなりました。すると、近くにその清涼飲料水を売っている自動販売機がありました。もちろん、価格は定価の120円です。

「どうしようかなぁ〜!?」と迷った時、あなたは思い出しました。

「そうだ、この先3分ほど歩いたところにドラッグストアがあったなぁ」

そう、そのドラッグストアにも同じ清涼飲料水が売られていて、しかも価格が88円だったことを思い出したのです。

と、ここまでは先ほどと状況はまったく同じです。


ここからが少し違います。

その時、頭に浮かんだドラッグストアが2店舗あったとしましょう。

距離や道行く条件はほぼ同じ、しかもお目当ての清涼飲料水の値段も88円とまったく同じです。

唯一違うのが……売っている「人」です。

A店の店員のAさんは、いつもにこやかで愛想が良く、レジが暇で時間がある時はちょっとした世間話をすることもあります。先日も「暑い中、ご来店ありがとうございます」と笑顔で声をかけてくれました。しかも……あなたが大好きな○○坂のCちゃんに少し似ているのです。ドキッ!!

B店の店員さんのBさんは、いつもどこか不機嫌そうで、不愛想な印象です。レジの仕事はスムーズなのですが、機械的で笑顔などはまったく見せない接客です。もちろん、世間話などをする雰囲気は毛頭感じられません。

来店のたびにAさん、Bさんにあたるわけではないのですが、何度か利用しているお店なので、お店自体の印象もそう感じてしまっています。

その場合、A店とB店、あなたならどちらに行こうと思いますか?

ここでわかるのは、なじみのお店になじみのスタッフさんがいると、なんとなく安心する、という感覚です。

ヘアサロンやエステサロンなどスタッフを指名できるお店を想像してもらえれば、理解できますね。大方のＢ to Ｃビジネスにおいて、お客様とスタッフの相性は何より大切なのです。特に私が営んでいたジュエリービジネスなどは、そこをしっかりと築くことでありがたい成果に結びつきますし、築けないと成果を出すのは難しいかもしれないですね。

実のところ、Ｂ to Ｂビジネスでもこれは同じことが言えるかもしれません。これはあまり感心しませんが、担当者が代わると今まで通りの取引が上手くいかなくなったり、逆のパターンもあり、また突然取引量（額）が減ったり、増えたりということもあるでしょう。

なぜそんなことが起こるのか……。

それは、「人」は「人」に惹かれるからだと考えます。

もちろん、お客様とお店との結びつきも考えられます。ただ、それをもっと強固なものにしたければ、人対人の結びつきを成立させることを考えたほうが成果に繋がりやすくなるものです。

これらを踏まえた上で、目の前のお客様をしっかり観て、そのお客様のお悩みや喜んでいただくことにフォーカスすること……ここをマーケティングすることこそが、「人」から考えたマーケティングになるのです。この**人を中心として捉えたマーケティング理論が、私の提唱している「P to Pマーケティング®」です。**

私はこの「人」から考えたマーケティングのキーワードを、

「ふれあい」

と表現しています。

「誰（あなた）のため」に「こんなサービス」をする……。

その「誰」にフォーカスしてみること。

言い方を変えると、お目当ての相手により良い印象を残すことを考え実践することが、マーケティングの成功の早道になるわけです。特にあなたが高額の商品やサービス、目に見えない商品（私の場合はこれに該当します）を扱っている場合、はたまたリピーターになる顧客を増やしたいとお考えなら、ぜひここにフォーカスしていただきたいですね！

ターゲットについての簡単発想

絶対伝わる！　神キャッチコピー

さて、ここまででマーケティングにおいて「価値観」「感情」「人」という注目すべき「三つの価値」について理解していただけたと思います。さらにここからは、マーケティングにおいて最も重要なことは何か？　ということを考えてみましょう。

これについてはすでに第2章でも解説しましたが、「ターゲットを決める」ということだと私はいつもお答えしています。

あなたが扱う商品やサービスが、どんな人の役に立つのか、喜ばれるかという「どんな人に」あたる部分が決まらないと、何の戦略も立てられません。そこがハッキリしなければ、場当たり的に営業をかけることになり、大変非効率なことになるでしょう。

また、POPやチラシを作成する場合でも同様のことになります。

つまり、その価値を誰に届けたいのか、誰に知ってもらいたいのか？　をハッキリさせないと、販促物の反応率が低く、残念な結果に繋がることが多いのです。


ですから、まずはご自身の中で「この商品・サービスはどんな人に使ってもらいたいか」「買ってもらいたいか」と想像した時、この「どんな人」について具体的に考えることから始めることをお勧めします。


前述しましたが、「ターゲットを絞る」ことを「ターゲティングをする」と言います。

この「ターゲティングをする」ということこそが、あなたやあなたが扱っている商品やサービスを「どんな人に」届けたいか？　を考える時の大きなヒントに繋がります。

そこを誤ってしまうと、せっかく考えた販売戦略も成果に繋がりにくくなるため、「ターゲティング」はしっかりと押さえておきましょう。

残念なPOPもここを押さえれば甦る！

ここからは、一見、正しく見えて、実は的外れな「残念な（生）事例」をご紹介させていただきます。何がおかしいのか、どうすれば良くなるのか、そんなことを一緒に考えてみてください！

上のイラストのターゲットを考えてみましょう。

これは3年ほど前に見つけた、あるスーパーマーケットのPOPです。題材の商品は、おそらくどなたでも一度は見たことがあるだろう、あの四角い顔のインスタントやきそばの季節商品の紹介POPです。

余談になりますが、学生時代、ハードな運動部に所属し、常にお腹を空かせていた私は、このカップやきそばに大変お世話になった思い出があります。当時の私には、本当にありがたい存在でした。ちょっと勘のいい方ならおわかりでしょう、これはバレンタインデーにぶつけた季節商品です。

ではここで、あなたなりに、ターゲットを想像してみてください。

その時に……ストーリー仕立てで考えてもらうと、よりターゲットが明確になります。

そんなふうにして、あなたなりのイメージを膨らませてみましょう。

以下は、私なりにターゲットを考えてみたストーリーです。どうぞご一緒に、想像を巡らせてみてください！

某会社勤めOLさん
——所属の部署に男性社員が10人いるOLさんのある日の呟き

「あ〜、また面倒な季節がやってきちゃう……。もうすぐバレンタインデーか……ウチの部署の10人のメンズに何をあげようかなぁ。とはいえ金欠だし、去年なんかせっかく選んだチョコレートなのに、誰も覚えてもくれなくて、ヘコんじゃったからなぁ……。どうしようかなぁ……」

てなことを呟きながら近所のスーパーを歩いていると、この商品に気づく……。

「えっ、何これ！（心の叫び）
オモシロイ!!
しかも、10個買っても2000円でお釣りがきちゃうじゃん!!
ちょっとかさばるけどその割に軽いし、何よりこれなら絶対に印象に残るから、覚えてもらえるはず！」

こんなストーリーが思い浮かびました。
そんなOLさんの喜びの声が、今にも聞こえてきそうではありませんか？ こんなふうに、毎年やってくるバレンタインデーに頭を悩ませるOLさんを思い浮かべれば、わかりやすいと思うのです。

そうなんです。ターゲットを絞るには、このようにストーリー仕立てで考える、もしくはターゲットになるであろう人物が、ちょっとした時に口にする「呟き」を、「ことば化」することでターゲティングがしやすくなるのです。

極意は……、

●ストーリー仕立て

●呟き

です。

そう考えると、先ほどのPOP、ちょっとターゲットとずれていることに気づきませんか？

『本格的なチョコ味のやきそばです』

このキャッチコピーの部分です。

このキャッチコピーは、【食べる方をターゲット】にしているのです。残念ながら、この商品に【興味を持つであろう人】のことは想像できていないという、痛い事例になってしまっています。なぜなら、基本的にバレンタインデーの需要はプレゼントをすることが大前提になると考えるからです。

つまり、このPOPを作った方は、この商品における「買う人」と「食べる人」が一致していないことに気づいていないのでは？　と推測できます。

このように、「買う人と」と「食べる人」が別の人だと推測される場合、POPの特にキャッチコピーなるものは、その商品に興味が湧き、手に取って買う人にインパクトを与える言葉にしなければならないわけです。

そこを踏まえた上で、私なら、こう書きます。

『今年の義理チョコはこれで決まり！』

もし、もう少し書けるスペースがあるなら、

『絶対に覚えてもらえます!!　今年の義理チョコはこれで決まり！』

このキャッチコピーのほうが、ターゲットにストレートに価値が届くと思うのですが、あなたはどう思いますか？

もう一つ事例を挙げましょう。これは、私の妻からもたらされた気づきです（笑）。この私、それまでポケットティッシュは銀行からもらうとか、路上で配られているものだと思っていました。ですがある日、妻はこれをドラッグストアで購入してきたのです（ビックリ！）。

では、このポケットティッシュのターゲットは、どういった方だと思いますか？

先ほどのストーリー仕立てにすることを念頭に、もう一度考えてみましょう。

私の妻は、毎年ひどい花粉症に悩まされています。病院にかかっても、これほどひどい花粉症の人は滅多にいないよと、お医者さんからお墨付きをもらえるほどです。そんな妻ですから、ポケットティッシュは季節の必須アイテムなのです。

毎年重度の花粉症に悩む妻の呟き

「あーやだ、またこの季節がやってきた。目はしょぼしょぼ、鼻はグズグズ、鼻をかむたびに化粧崩れが気になるし、気をつけないと鼻が赤くガビガビになっちゃうのよ……」と呟きながら、ドラッグストアのレジに並んでいると、レジ横に積んであったポケットティッシュを発見！

『えっ、これってもしかすると……救世主かも！（心の叫び）』

柔らかそうだし、水分が多く含まれているみたいだし、これなら鼻も赤くならずに済むはず……。やっぱりこの季節はこれに限る！　少し高いけど、背に腹は代えられないわ、買っちゃおう〜！

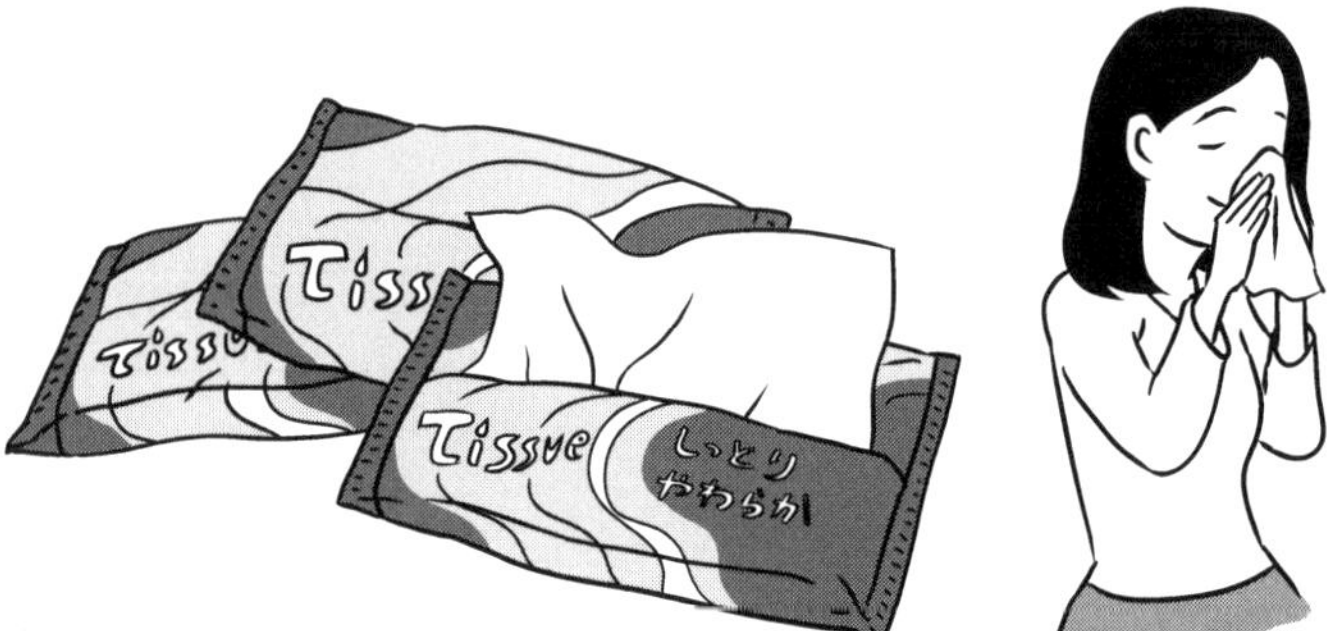

（水分を多く含んだプレミアムティッシュ）

毎年2月の終わり頃から、ひどい花粉症に悩まされる妻ですが、ほんの少しだけ機嫌がよくなるアイテムが、このポケットティッシュです。こう考えると、多少割高でも、このティッシュがどんな方の悩みを解決しているのかがよくわかりますよね。割高であったとしても、そこに大きなお悩みを抱えている方に確かな心地よさを感じてもらえれば、それが購買につながるわけです。そう考えると、その悩みの大きさにより、割高感もなくなるわけですね。これこそ、ターゲットから考えての価値ということです。

このターゲティングの場合、ポケットティッシュが無料でもらえるものと考える私は完全にターゲットから外れるわけです。

ただここでおもしろいのは、**「ターゲットを絞ると、**

「ターゲット外に響くことがある」ということです。

どういうことかというと、もしこのポケットティッシュに以下のPOPがついていたらどうでしょうか。

『今年もやってきました、酷い花粉症のあなたへ！　このティッシュを使うと鼻が痛くならず、化粧崩れもしにくくなります。ぜひお試しください！』

そして、家で妻がいつも「柔らかなプレミアムティッシュを使ってみたい～」と言っていたことを覚えていた夫（私）が……このPOPをドラッグストアで発見したら……。「そうか、これのことか……ちょっと買って帰ってご機嫌でも取っちゃおうかなぁ～」なんて思いつき、妻のために買うという可能性があるとは思いませんか？

買わずとも「こんなティッシュを売ってたよ」という情報を伝えることもあるでしょう。

つまり、ターゲットを絞ることによって、ターゲットのことを思うターゲット外の人に行動させることができるのです。

因みに私も、ドラッグストアに立ち寄った際、レジ横にあったこのティッシュを妻のために買ったことは言うまでもありません。

ここは大変重要なことなので、以下、今一度「ターゲティングをする」ことを考えた時のキーワードを押さえていきます。

ターゲティングをするための2ワード❶「どんな人に」を掘り下げる

第2章で、ターゲティングをするための具体的な方法として、「ことば化」することをお勧めしました。「ことば化」するには、二つのワード「どんな人に」「どんな状況の時に」を用いるとよりわかりやすくなるとお伝えしました。ここからは、その二つのワードについて詳しく見ていきましょう。

一つ目は**「どんな人に」**です。

これは前述の事例から言うと、10名の男性社員にバレンタインデーの義理チョコを渡さなければならないOLさん……のような、「購入する立場の人物像」を指します。言葉を変えると「セグメント」ということになるでしょう。

「セグメント」とは、市場の中で共通のニーズを持ち、商品の認識の仕方、価値観、使用方法、購買に至るプロセス、すなわち購買行動において似通っている顧客層を指します。

ここではまだ絞り切れていない状態で、そこに次の言葉を加えることによって確かなターゲット像が浮かんできます。

ターゲティングをするための2ワード❷
「どんな状況の時に」を掘り下げる

二つ目のキーワードは「どんな状況の時に」です。

つまり、先ほどの事例の場合なら、ＯＬさんがバレンタインデーが近くなり、「どんな義理チョコを選ぼうか？」と考え始めている。しかし財布に余裕がないだけでなく、「せっかくプレゼントしたチョコレートを覚えてもらえていなかった」という昨年の劣体験を思い出している……という状況です。

それをもっと具体的にイメージを膨らませて、ストーリー仕立てで「どんなことを呟くか」を想像することにより、よりターゲットを絞ることができるのです。

この二つのワードを使うことで、簡単にターゲットを絞ることができるのです。

大手の広告代理店や、マーケティングリサーチ会社が行うターゲティングとは少し違うかもしれませんが、私は、この手法はとても手軽にその商品やサービスに興味を持つ人物像を具体化できる方法であると考えており、コンサルティングに生かしています。この手法をあなたにも強くお勧めしたいのです。

ぜひこの二つのワードを頭に入れた上で、スーパーマーケットやコンビニエンスストアで、商品やそこに貼ってあるＰＯＰを見てみてください。もちろん、身近にあるさまざまな広告や宣伝でもかまいません。

その商品のターゲットがどんな人で、どんな状況の時に購買を考えるか……を想像してみましょう。こうすることで必ずやあなたの「マーケティングセンスが磨かれる」のです。

そして、そんなことを意識してみると、段々とおもしろくなってくるはずです。そのたびに、あなたのマーケティングセンスもドンドン磨かれていくことでしょう〜！

「モノからヒトの流れに取り残されるな！」

「モノ」中心の発想は、もう限界だ！

ここで、もう一度考えてみます。

前述のチョコレートやきそばのPOPの残念な事例は、なぜ起こったのでしょうか。

ひと言で言うと、それはひとえにモノを中心に据えて考えた発想だからと判断します。

これを、私は**「モノからの発想」**と呼んでいます。

なぜそういうことが起こるのでしょうか？

それは、少し前まではモノを作ればドンドン売れる時代があり、そのなごりなのか、

「どんな人が購買するか」より「どんなモノが売れるか」「どんなモノなら買ってもらえるか」に重きが置かれていたからだと思います。これは、あくまでも私独自の考えですが、おそらく遠からず当たっているように思います。

「モノからの発想」の原点には、

●いいモノさえ作れば売れる
●価格が安ければ売れる

との発想が、根底にあるのです。

しかし、今の時代はどうでしょうか。

ネットを開くと、膨大な商品情報に溢れ、さらにはそれらの価格の比較サイトまでが存在します。そこには、巧みなライター達がいろいろな語句を使って、商品に価値を付与しようとしているわけです。

そんな時代ですから、ちょっと「いいモノ」を作ったところで、他の多くの類似品に埋没してしまい、その価値が消費者に伝わるのはなかなか難しいかも……なんて思えるのです。

一方、それが人を中心に据えて考えた発想だったらどうなるでしょうか。先の事例で皆さんと学んだように、チョコレートやきそばの購入を考える人が、どんな人で、どんな状況の時なのかということを考えることで、ストレートに伝わるＰＯＰになりましたよね。


ここで、もう少しシンプルに考えてみましょう。

たとえば、「その商品やサービスにまつわる情報を多くの人に伝える必要がないのではないか？」と発想してみてください。

どういうことかと言うと、**情報発信を考えた場合、その情報が必要な人を限定して情報発信してみると、相手が見つけてくれる可能性が出てくる**ということです。実際、インターネットの検索一つとっても、必要な人が自分で必要な情報にたどり着けるツールは世の中にはたくさんあるのです。ですから、情報を提供する側がしっかりとターゲットを絞り、情報提供と行動喚起をすることで、たとえ一枚のＰＯＰでも相当な効力を発揮する可能性が出てくるわけです。

実際、Ｆａｃｅｂｏｏｋの広告などは、そういった属性をセグメント化して広告宣伝を出すことができるわけで、ＴＶコマーシャルに比べても効率が良いと考えます。

そこから考えても、

「どんな人が」「どんな状況の時に」、その商品やサービスを必要だと考え、興味を持ってくれるか、あわよくば購買にも至るか……それをイメージすることが、何よりも大切なのです。

「モノ」ではなく「人」からの発想が大切なのです。

生命保険のセールスパーソンに対する研修で、いつも伝えることがあります。

さまざまな保険商品の特徴や価値を勉強することは、もちろん大切です。

セールスパーソンは、とかくパンフレットやレジュメを眺めながら「その保険商材を誰に勧めようか？」と考えがちですが、少し視点を変え、まずはお客様の顔を思い浮かべながら、家族構成やプロフィールなどの情報を隅々までチェックしてみましょう。それからプロの視点で、そのお客様が「将来的にどんな保険商材が必要になるか」「どんなタイプの保険商材なら興味を持ってもらえるか」を考えるのです。

時として、お勧めすべき保険商材が、視点を変えても前と同じだったという結果になるかもしれません。

しかし、大切なのはそこにたどり着くまでのプロセスで、モノ（商品やサービス）からではなく人から考える……というクセをつけて欲しいのです。

パンフレットを眺めて勧める人を考えるのではなく、お客様から考えて欲しいのです。

それが習慣になってくると、どうなるでしょうか？

そのお客様がどんなお客様なのか、何に興味を持っているのかなど、今よりもいろいろな側面を観察し深く知ろうと考えるようになります。

一流の保険セールスパーソンと、並のセールスパーソンの違いがそこにあるのです。

そんなことを理解していただきたくて、生命保険会社の研修ではさまざまな事例を紹介しながら、人を中心に据えて発想することの大切さと、「M・K・S」の重要性、それこそが営業的発想の基本だということをお伝えしています。

「M・K・S」は、意識を「商品」ではなく「人」に向けてもらうためにも、最重要なコンテンツだとご理解いただけると考えます。

モノを「売りたい」ではなく「どんな人に使ってもらいたいか」が大事

私はつい最近まで、多数店舗の美容室を運営する会社の社外取締役を拝命しておりました。直接経営している店舗が18店、暖簾《のれん》分け店が10店舗に及び、一カ月にご来店いただけるお客様が全店合計で1万2000名を超える規模の会社です。

その会社で、「ヘアセラム」と呼ばれる、髪につける美容液のボトルをリニューアルすることになりました。「ヘアセラム」とは、一般的に「流さないトリートメント」と言われるヘアケア商材です。

この手のモノは、「容器」によって売上がかなり左右される商材で、これまでのボトルはそれなりにオシャレではあるものの、いわゆる今風ではなく、女性が洗面所等に置くことを少しためらうようなデザインでした。以前より、スタッフから「これ、どうにかならないんですか？」との声も上がっていたようです。

そもそもこの話が出たのは、私が行なう「POPセミナー」の時でした。この「ヘアセラム」の効能を考え、

「どんな人にこのヘアセラムを使ってもらいたいか」

「どんな人のお悩みを解決するのか」


といった意見を出し合い、個々にPOPを作ってもらっていた時でした。

あるスタッフが、「外出先でもこのヘアセラムを使う時があるんですが……でも、このボトルはバッグに入れておくのをちょっとためらっちゃうんですよね……」という意見が出て、本部スタッフのM井さんがビックリした表情になりました。


なぜなら、それまでは洗面所に置いてもらうことばかりを想定していましたが、バッグに入れて持ち運びをしている人がいることを知ったからです。

「えっ、ヘアセラムを使うのは家の中だけじゃないんですね⁉」とM井さんが、声を大きくして確認をしたほどです。

そうすると、何人ものスタッフが「私もバッグに入れていますよ」と言うではありませんか。さらに、「このボトルのデザイン、なんとかならないんですか～」との意見が多く出たのです。

そこで、「実際使っている人がそう言うのなら、間違いないだろう〜!」ということで、その時にボトルのリニューアルの話が決定しました。

「洗面所に置いておきたくなるようなデザインで、かつ持ち運びをする人のことを考えたデザイン」

という案と、そのほかに多くのスタッフの意見を反映して、

「一回の噴射でなるべく広範囲にスプレーできるようなスプレーヘッドに替えて欲しい」

という、二つの案が出されました。

これは、まさに先ほどから何度も出てきている、**実際使う人が「どんな人で、どんな状況の時に」使うかという観点**から、ボトルを見直すことになった事例です。

内容や効能(モノ)から考えるのではなく、あくまでも買っていただく(使っていただく)方の気持ちに寄り添い、そしてその方の満足にフォーカスした「人」からの発想に立ち返ったからこそ実現したプロジェクトとなりました。この「人」から発想するということがみんなに理解してもらえなければ、ボトルデザインをリニューアルするという決断には至らなかったことでしょう。

つまり、モノから考えているだけでは進歩はなかったということです。

この事例から見ても、やはり使う「人」、使ってもらいたい「人」からの発想を必要としている時代なのではないでしょうか。

さらに、これを「売りたい」という売り手側の発想は少し脇に置いて考え始めるのがベターなのかもしれないですね。

くり返しになりますが、**「モノ」ではなく「人」からの発想が大切な時代**なのです。

ターゲットとキーパーソンは違う――事例から

ここで、この本の読者のあなたにもう一つ事例をご紹介します。

以下は、ターゲティングをする上で誰でも起こしてしまう「勘違い」に気づいていただくための良い事例です。

数年前の話ですが、我が家の長女が熱を出したので、いつもお世話になっている小児科に連れて行った時のことです。私の場合……何でもついコンサルタント目線で見てしまうクセがあるのですが、その小児科はものすごくマーケティングができていて（笑）、伺うたびに感心させられます。

毎回、診察終わりに先生が、「今日もよく頑張ったね♡」と言いながら娘にコインを一枚手渡してくれます。娘はニコッと「ありがとうございます！」とお礼を言いながら受け取ります。その後、私がお会計をしている間に、会計横のいわゆる【ガチャガチャマシーン】に受け取ったコインを入れておもちゃをいただきます。

そのマシーンが右の写真です。

「この時のターゲットを考えてみてください！」

と、研修で言うと、だいたいの受講者の方は「病院に行きたがらない子ども」とか「病院嫌いな子ども」と答えてくれます。

さて、はたしてそうでしょうか。

実は、それこそがここでの学び、「勘違い」に当たるのです。

確かにガチャガチャマシーンのコインをもらえることを知っている長女は、その小児科にかかることを嫌がりません。

しかしながら、小児科側から考えるとターゲットは長女ではないのです。

その理由は、確かに娘は小児科に行く理由はありますが、受診したところでお金は支払わないからです。

ターゲットは、あくまでも「お金を支払う人」だということです。

あなたは、小児科でお金を支払っているお子さんを見たことがありますか（笑）？

つまり、娘は診てもらう小児科を決める上でのキーパーソンではあるけれど、ターゲットとは違うのです。

別の例を出すと、たとえば車屋さん。車を購入するお客様……ターゲットの多くはご主人になるでしょうが、往々にしてキーパーソンは奥様であることが多いのです。現に、ファミリーカー購入の場合、車種を決めるのはご主人であっても、その車の色を決める際には90％奥様の意見が反映されるという調査結果もあるのです。

キーパーソンはターゲットに強い影響力を与えることがありますが、最終的な決定権はターゲットが握っている、そんなケースが多々あります。

そこから考えても、ターゲットを考える上で「勘違い」を起こしやすい部分ですし、ビジネスにとって非常に重要なポイントなのです。

実際の商売を考えた場合、ここを間違えて接客してしまうと、購入につながらないケースはたくさんあります。

となると、キーパーソンへのアプローチと、本当のスポンサー（ターゲット）へのアプローチの接客割合のバランスを考慮したテクニックも必要となるわけです。

接客の神対応にも「M・K・S」が効く！

ここのところ、接客関係の研修では「神対応接客」に関するご質問が増えてきました。それにお答えすると、総じて考えても絶対的に実施してもらいたいのは「M・K・S」となります！

目の前のお客様のことをしっかり観る（観察する）、そしてお話を聴く&わからなければ質問をする、そして何に興味を持たれているか……を知りにいくことから始まります。そして、そこで得た情報からそのお客様に喜んでいただくために「どんなことができるか？」を考えてみましょう。

そこに「サプライズ」という気の利いたエッセンスが加わると、それこそ「神対応」としてお客様に高く評価していただけることもあります。ただし、あざとく狙うのではなく、そこに「心」を感じることでお客様は素直に喜んでくださるものです。

たとえば……こんなことがそれに当たると思います。

横浜・上大岡にある人気の焼肉食べ放題店「プレミアムカルビ」では、前もってお願いしておくと「バースデーケーキ」を提供してもらえるというサービスがあります。こういうサービスは、最近の飲食店ではよくありますね。

先日、私の妻の誕生日に、思い立ったが吉日とそのお店に出かけることとしました。誕生日当日に思い立ったので、ケーキのサービスは難しいかなと思いましたが、とりあえず電話をすることにしました。

私：「本日、伺います生駒と申します。実は今日は妻の誕生日なのですが、これからバースデーケーキの用意は難しいですかね〜？」

スタッフ：「生駒様ありがとうございます。このたびは、奥様のお誕生日おめでとうございます。バースデーケーキのサービスでございますが、そちらは外注となるため当日のご用意はできかねます。ご容赦、お願いできますでしょうか」

私：「もちろんです。できれば〜と思いお電話させていただきました。気にしないでください。では、本日お伺いさせていただきます」

スタッフ：「ありがとうございます。お待ち致しております」

こんなやり取りがありました。もちろん、私としては無理をお願いするつもりなど毛頭ありませんでした。

そして、夕方から焼肉パーティーを楽しみました。

妻が化粧室に立った時に、お店の方がテーブルまでやってきて……、

スタッフ：「生駒様、本日はおめでとうございます。お電話でお伝えした通り、バースデーケーキの準備は難しかったのですが、ささやかながらバースデープレートのご用意をさせていただきました。奥様が化粧室に立たれたようなので、お持ち致しました」

と、写真（次頁）のようなデザートやケーキが載ったバースデープレートを持ってきてくれたのです。

私：「えええっ！　それは悪かったですね、いやいや恐縮してしまいます〜」

と言って受け取ると、そのお皿は冷たくて……しっかりと冷やされていたのです。おそらく、少し前に準備してもらっていて冷蔵庫に保管されていたのだと思います。

妻が化粧室から戻ると……、

妻：「ええ〜ッ、なにコレ⁉ 嬉しい〜っ！」

と言いながら笑顔いっぱい、みんなでデザートを分け合って盛り上がりました。

ハイ、こんな思いがけない演出が「神対応」だと思いませんか？

そこには、マニュアルは存在せず「なんとかして、お客様からの要望に応えたい〜」という「心」を感じるのです。

そんなお店だからこそ、連日満席の地域で一番の人気店になったのだと思うのです。

しかし、このエピソードのベースは……電話にせよ、対面の接客にせよ「M・K・S」から始まっているのです。

これぞ神対応……マクドナルドは知っている

去年の11月3日文化の日・祝日は、大忙しでした〜。妻のおじいちゃんのお墓参り、私の両親のお墓参り、さらに妻のおばあちゃんが入居している新しい施設にも伺ってきました。

朝はそぼ降る雨も天気予報通り午前中にはやんでくれてひと安心^^お昼前には家を出て簡単にどこかでお昼を済ませて〜ってことで、横浜・笹下のマクドナルドに寄ることにしました。

ただそのマック、席数がそんなにないため、座れるか不安でしたが、ラッキーにも4人席が空いていました〜。

コロナ禍の最近の傾向なのか……ドライブスルーは超混みで、店内は席がある……変な感じがしました_φ(･_･

また、これも最近の傾向なのか……モバイルオーダーのお客様がわんさかやってきて、その他のデリバリーサービスと重なって、店内は混んでいました〜。

どうにかオーダーを頼んで、番号プレートを渡されて

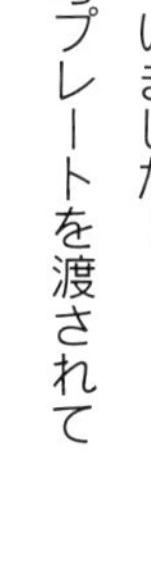

席に着き、しばらくすると飛び切りの笑顔と共にオーダーしたモノが運ばれてきました～。

セットを頼むとどうしてもポテトが多くなってしまいますが、妻は売り出し中のハミダブチを手に持ち「これ、すごい重いんですけど～」と喜んでいます（笑）。

生駒家が食している間も、何組かのお客様が入れ替わられ……ただ、なんとなくスムーズに入れ替わった感覚があり……さらにテーブルもそのつどきれいになり……。

アレッ!?　ここって、どこかの回転率の良いレストランだったっけ……いやいや、ここはファストフード界のガリバーとも言えるマクドナルドでっす……と、その時気づいたのです～。一人の女性が、まるで定食屋の女将さんのごとく切り盛りしていることに……。

そう、切り盛りです♪

そしてもう一つ、見たこともないユニフォームを着ていることに気がついたのです。

食べ終わり、席を立つ生駒家４人。すると、例の彼女がサッと来て、トレイを受け取ってくれ……プラス笑顔つきで～^_−☆

「ありがとうね～さっきからキビキビ動いていて気持ちがよかったよ。ところで、その制服見たことがないんだけど～……」

「ありがとうございます。そうなんです……この制服は最近できたモノで～この制服を着ている人間はカウンターに入ってはいけなんですよ～（現在はいいみたいですが）」

「そうなんだ。で、そのお仕事をする方の名前ってあるの!?」

「ございます、我々はジルと言います～」

「ジル!?」

「ハイ！」

と、言ってネームプレートを見せてくれました！

「guest experience leader の頭を取ってGELです」と、その彼女がネームプレートをしっかりと見せてくれました。

「なるほどねー。なんか、すごいね～」

「私達ジルの仕事は、お客様と繋がりを持つことです」ときっぱり!!

「やっぱり、マックはすごいわ～そこに気づくなんて……。また、来るね！　お仕事頑張って～！」

「ありがとうございます。また、お越しください♪」プラス笑顔(^_^)

わかりますか!?
世の中、どんどん効率を追い求め、非接触が一番とされる中で、この「ジル」という立場は、ある意味まったく逆をいっているように思えますね。そう、まったく逆!!
回転寿司屋さんに行くと、ペッパー君がお出迎えしてくれます～ちょっと前に行った証券会社でもロボットが受付していました_φ(･_･
これらはすべて、人件費の抑制や非接触がテーマになっているのですが、その発想は将来的に人を必要としない世界の創出にしかならないのです。中途半端な経営陣もしかり、その中途半端な経営陣も必要がない世界が、すぐそこに来ている証です。

でね、このジルという「人と繋がる仕事」って、まさに人にしかできない仕事なのです＾＾

人と人とが繋がる……そこに気づき、人・お金・労力をかけられるマクドナルドって、本気ですごい～と感じました。だって「神対応」は、人がいないとできないのですから！

このコロナ禍で、実のところ……人と繋がりたいと思っている人も相当いるのです。

特にリモートワークばかりをしていると、妙に生身の人と会いたくなる＆お話をしたくなる方も多いのです。

私のビジネスパートナーが経営するヘッドスパ専門店も、コロナ禍になってから20歳～30歳のお客様が15％ほど増えた～と言います。そのほとんどの方が、リモートワークの煽りを受けて不眠に悩んだり、また人恋しくなったりして癒しを求めて来店されているとのことです。

そんな時に、相手がロボットだと味気ないと思いませんか～!?
もし、相手がロボットだったらお客様は満足するでしょうか～？

そういった人の気持ちを感じ、くみ取ることが昨今求められており、とても大切なことです。そこを理解し、新しいことにチャレンジするマクドナルドってガーサスのひと言に尽きます☆彡

人にしかできない仕事……これから生き延びるには、そこを突き詰めるしかないだろうと考える次第です＾＿－☆

第4章

接客を〝マーケティング的〟に発想する

学校では学べない「ほんとうの接客」教えます！

そもそも接客とは何か？　ことば化できますか？

私が実施させていただいている「研修プログラム」の講義、および単発の「接客研修」や「営業研修」の場では、「あなたが考える接客ってどんなことですか？」と必ず質問します。

そうすると、ちょっと困った顔が多く見受けられます。当たり前としてわかっていそうなことを改めて質問されると、それを「ことば化」するのが難しいからでしょうね。

読者の皆さんは、いかがですか？

「あなたが考える接客ってどんなことですか？」

●お客様を喜ばせること
●お客様への気づかい
●モノやサービスを売る行為
●ホスピタリティ
●笑顔

だいたいが、こんな回答に集約されるのではないでしょうか？
また最近では、「お・も・て・な・し」といったフレーズもよく聞く回答の一つです。

では次に、「あなたにとって『良い接客』とはどんなことですか？」

簡単そうで意外に悩まされる質問ですよね。
よく使ったり、よく聞いたりするフレーズほど、具体的に「ことば化」して人に伝えようとすると、意外と難しいものなのです。

しかし、人に伝えようとした時にはここが肝心なのです。

「ことば化」＝「定義づけ」ができているか……が、肝になるのです。

接客において、そこをしっかりと押さえておかなければ、社内や部署・店舗内のスタッフ双方に解釈の相違が起こってしまい、仕事の非効率を生む原因となります。さらに、あなた自身の行動やお客様への「価値の提供」にも影響しかねないのです。

お客様にまつわるすべてが、接客のすべてである

私が考える接客とは、**「お客様への応対のすべて」**だと捉えています。店舗でのことでもあり、外回りの営業でもあり、電話応対でもあり……お客様への応対のすべてが「接客」

です。

今時なら、リモートでのオンライン営業も含まれますね。

ここで伝えたいのは、そこに何らかの金銭が発生するとしたら……あなたに直接的はもちろんのこと、間接的でもサラリー（時給）が発生するとしたら……当然のこと、インセンティブなどの成功報酬の場合も含むわけですが、それらはすべて、

「経済行為」だということが認識できているか？

が、ポイントです。

ここまで読んで、自身の認識の甘さを痛感する方もいるかもしれません。お客様から直接金銭を預からない職種だと、ホスピタリティ的なことに終始してしまいがちです。しかし、あなたに何らかのサラリーが入っている限り、あなたの発する言葉に始まり、しぐさや顔の表情までもが「経済行為」だと考え、その上で「接客」に挑んでいる方がどれほどいるでしょうか？

私自身、そこに気づき、この域にまで到達するのには、初めて接客をした日から20年近

くかかりました。

「接客」のすべてが「経済行為」だと落とし込むと、管理職がスタッフに何らかの注意する時も注意しやすくなりますし、注意される側も素直に聴かざるを得なくなるはずです。

まずは、そこを共通の認識として、頭に入れておいてください。

「良い接客」のゴールとは……

ここまで、「接客」＝「経済行為」だということを述べました。

ここからは、この本の第1章で投げかけた「良い接客」とは何か？　という問いに対する答え合わせをすることにしましょう。

先ほども出てきましたが、「お・も・て・な・し」的な発想になるかもしれません。

●お客様のために
●お客様に喜んでいただくために
●お客様に笑顔になっていただくために　など……

これらが正解かといえば、全部正解と言えます。

ただ、少し物足りなさを覚えるのです。

これらは、お客様（買い手）目線ではなく、提供する側（売り手）目線だと思いませんか？


では、以下のように言い換えるとどうなるでしょうか？

●お客様のために「良い接客」をすると、お客様はどうしたくなるのか……

答えを書く前に、「接客」と意味が似ている「接遇」という言葉をご存知ですか？　世の中には、「接客」と「接遇」を混同している方が非常に多いように感じます。

捉え方はさまざまなのですが、私は「接遇」は「マナー」的な意味合いが強いと考えています。

姿勢や立ち居振る舞いなど、所作と呼ばれる部分を含めたおもてなしの心を持って相手に接することだと解釈しています。

一部の本には、「接客の先にあるものが接遇である」と記されていることもあります。

「良い接遇」と「良い接客」を対比するとわかりやすいかもしれません。

「接遇」は、心がこもったおもてなしで、「良い接遇」のゴールは「相手に好印象を持っていただくこと」になるのではないでしょうか？

少し極端になるかもしれませんが、確かに「好印象」を持ってもらわないことには契約は取れないし、購買にも至りません。さらにクレームの原因にもなりかねないわけです。ただし、当然のことながら「好印象」を持ってもらうだけでは、契約や購買には至らないのです。商売を進める上で「好印象」は必須です。しかし、「好印象」だけでは何も成立しないのです。

たとえば、この本を手に取ってくださり、ここまで読み進めてくださったあなたは、「こうすれば相手に好印象を持ってもらえますよ！」というスキルが欲しくて、読み進めているわけではありませんよね。

そこで大切になるのが、「良い接客」なのです。

では、「良い接客」とは何でしょうか。

私の解釈では……良い接客とは、

「お客様に気持ちよくお金を支払っていただくスキル」

「良い接遇」との対比からそのゴールという言い方をすれば、「良い接客」とはお客様に気持ちよくお金を支払っていただくことなのです。

となると……「接客は経済行為」だという言葉に納得できませんか？

先に出てきた、

お客様のために「良い接客」をすると、お客様はどうしたくなるのか……。

その答えは、言わずもがな、買いたい、契約したい、という気持ちになることです。その結果、店の購買率は上がるでしょうし、単価を上げることもできます。そして、もちろん「ありがとう」と声をかけていただけることも増えるでしょう。当然「代金を気持ちよく支払ってもいいと感じるようになる」と思いませんか？

そして、それが巡り巡って、あなたの糧に繋がるのではないでしょうか？

そうとわかれば、ドンドン「良い接客」をしてください！（笑）

そして、お客様にドンドン気持ちよく商品を購入していただきましょう。

そして、ドンドンご契約いただいてください！

「**接客は経済行為**」です。

そして、さらに「良い接客」をすることで、お客様の心を動かし、その結果財布のひもを緩ませてあげてください。

接客のゴールがわかれば、開眼まではあとわずか

第3章でも述べましたが、私は美容室を28店舗運営している会社の取締役をしていました。当初は、研修講師としてその会社の幹部スタッフに向けて、研修プログラムを実施していました。そこでは、「良い接客とは、お客様に気持ちよくお金を支払っていただくことだ」と伝えていました。

その時、研修に参加していた本部スタッフのM井さんに大変感謝されたのです。本部はすべての店舗の意思の統一を図りながら、労務から売上を把握し、その施策としていろいろなキャンペーンを考えたり、それらを各店に実施するように促す大きな役割を果たしていいます。当然、各店の店長からさまざまな意見が上がります。その際、どうしても本部は対処療法になってしまいがちで、まとめ切れないことがあるというジレンマを持っていたようです。

M井さんは、「俊さんの今日の講義を聞いて、めちゃくちゃ腹落ちしました。そこが上手く「ことば化」できずに、伝わっていなかったことがわかりました。お客様に気持ちよ

くお金を支払ってもらうためにも、我々はもっと接客を磨かなければいけないのですね」

と言ってくれました。


M井さんは「接遇」と「接客」の違いを大まかに理解できてはいたものの、その違いを明確に「ことば化」できず、モヤモヤしていたそうです。

それが原因で、各店の店長から質問が来た時に、曖昧《あいまい》な返答になってしまい、スタッフを迷わせてしまっていたらしいのです。

その講義後、店長を集めたミーティングでは、「どうすればお客様に気持ちよくお金を支払っていただけるのだろうか？」との問いかけで、みんなが意見を持ち寄り、接客を磨くことに興味を持ち始めてくれました。

この事例からもわかるように、**接客のゴールを「ことば化」して明確にする**ことは、店舗運営にも大きく影響してくるのです。

であり、

「どうすればお客様に気持ちよくお金を支払っていただけるのか？」

という問いかけとの背中合わせになります。

誰でも、印象のよくないスタッフに接客をしてもらいたいとは思いませんよね。くり返しになりますが、単に印象がいいという理由だけでは、購買に繋がることは少ないのです。もちろん、相手に好印象を持ってもらうためには、身なりや言葉づかい、挨拶やお辞儀の仕方、所作に通ずることをすべて習得したほうがよいのは事実です。

ただ、「接遇」のレベルはそこそこでも、商品の説明がわかりやすかったり、顧客であるあなたの話をしっかり聴いてくれたり、笑顔が素晴らしかったり、一生懸命さがこちらに伝わってくるセールスパーソンが応対してくれたら……こういう人から商品を買ったり、サービスを受けたりしたくなりませんか？

「接遇」のレベルの完璧さより、接客スキルを磨くほうが成果に繋がりやすいのです。

選ばれるスターバックス。その理由は「良い接客」にあり！

あなたが扱っている商品やサービスが、競合他社との完全な差別化ができているのなら、素晴らしいことだと思います。

ただ、今の時代「良い商品」が完成しても、他と歴然とした「差」を生むのは本当に難しいと感じます。

これは商品に限らず、店舗ビジネスでも外回りの営業でも同じことが言えるかもしれません。

この問題を解決するために必要なものは、顧客に絶対的な違いを感じてもらうスキルであると感じるのです。そこを感じさせられるのが「接客」になるわけです。

たとえば、スターバックスコーヒーがここまで人を魅了するのは、どうしてでしょうか？

もちろん、コーヒーのクオリティや商品開発力、それに店舗のオシャレさ、居心地のよい空間作りもあるでしょう。しかし、当然のことながら、それだけではありません。

スターバックスには、人と人がふれあう瞬間があり、そこに重きを置いているからだと私は考えています。

たとえば、ランプ下でコーヒーを受け取る際……スターバックスのスタッフは必ず「目」を観て商品を差し出してくれます。

おそらくマニュアルで、そこの部分は徹底されているのだと察しますが、驚くべきはそれがどの店でも実施されていることです。

仕事柄、横浜だけでなくいろいろな街のスターバックスに入りますが、すべての店舗でそれを体験することができるのです。

コーヒーの味の違いはわからなくても、接客のクオリティの違いは他のコーヒーチェーン店を圧倒するレベルにあると感じます。

「お客様から選ばれる理由」は、多種多様です。

決して、一つではありません！

ただ、接客の良さは選ばれる理由の一つになり得ると思います。

ドリップコーヒー一杯、コンビニでは１００円で買える時代です。

他のコーヒーチェーンがしのぎを削っている昨今、決して安いとは言えないコーヒーを提供しながら、お客様から支持されるスターバックス……その選ばれる理由の大きな要因は、良い接客にあるのです。

度々のくり返しになりますが、

良い接客＝お客様に気持ちよくお金を支払っていただくスキルにある！

と、声を大にして言いたいですね！

コロナ禍で非接触が推奨され、人と人とのふれあいが少なくなった昨今だからこそ、「接客」を磨くことが、成果に結びつく大きな一つの要素になるはずです。

なぜなら、人は人に惹かれるからです。

実例！非常識な接客が起こした奇跡

非常識な接客……あるホテルのパティスリーショップのコンサルティング

ここまでで、「良い接客」が成果に結びつくということをご理解いただけたのではないかと思います。

では次に、以前コンサルタントを担当し、成果に直結した事例をご紹介させていただきます。

ある横浜のホテルでの事例です。

当時、そのホテルは、宿泊部門が好調なものの、料飲部の数字が常に前年を割るという状況が続いていました。そんな折、ホテルのGM（ゼネラルマネージャー）から「料飲部の数字を上げる手立てはないか」という相談を受けました。見たところ、施設は完璧、メニューも完璧、料理のグレードも完璧、スタッフも一生懸命働いており、それほど問題があるようには思えません。それなのに数字が上がらないことに苦労されていたわけです。

私は研修を請け負い、スタッフにもう一度接客の基本に立ち返ってもらい、当時私の持ち得るすべてのコンテンツを伝えました。

研修当初は多少の反発もありましたが、進める中でスタッフの心を解きほぐし、新しい思考で新しい行動をしてもらいました。

おそらく、インターナショナル系のホテルでは、今までにやったことのない大きなチャレンジだったと思います。なぜなら、「自分達は一流のホテルに勤めている」というプライドが「新しいこと」をやらない理由になっていたからです。

結果、研修を実施してから約90日間で料飲部門の数字は急回復し、対前年比113％までになりました。これは、ひとえにスタッフの頑張りによる成果だといえるでしょう。

そんなある日、GMから「パティスリーショップの売上が思わしくないのでどうにかならないか」と再度相談されました。

そこで私は、パティスリーショップを改めてじっくり観察することにしました。スタッフの接客は、態度もすこぶる真面目で、基本通りでした。試しにケーキを購入し食したところ、「さすが○○ホテルだ！」と感じられる素晴らしいクオリティでした。

さらにケーキの価格も４００円～６００円とそこまで高くないどころか、安いとさえ思えました。

その後、改めてショップの接客を見ていた時に、パッとアイディアが思い浮かんだのです。

失礼ながらそのショップは、どこにでもあるケーキ屋さんと同じで、ショーケースが横に2本並び、そのケース中のひな壇にキラキラしたケーキが行儀よく並べてあるものです。正面から向かって左手にスタッフが出入りできる1メートルほどの通路がある、ごく一般的なレイアウトでした。

私は、ショップリーダーのTさんに二つの提案をすることにしました。

一つ目の提案は、「一組目のお客様がケーキを見ておられる時にお客様の横に立ち、お客様と一緒にケーキを選んであげてください」というもの。

二つ目の提案は「ケーキを召し上がる時に、どんなドリンクと一緒に食べたらより美味しくなるか提案をしてみましょう」という内容でした。

そうすると、真面目なTさんは目を丸くして……、

「俊さん、私達がお客様の横に立って接客するなんてできるわけないですよ！　私達は○○ホテルなんですよ！」

と答えてくれました。

つまり、ホテルのパティスリーショップは対面で接客することが当たり前だと教え込まれてきたのです。

まぁ確かに、どこのケーキ屋さんでもそんな接客をしている風景はなかなか見かけないですし、ある意味非常識な接客と言えるかもしれないですね。

しかし、この時の私には勝算がありました。

「Tさん、でもね、このまま同じことをやっていて、数字が伸びる可能性があると思いますか？　研修でも言ったように、ここは『新しい発想と新しい行動』が必要な時だと私

は思いますよ。どうですか？」

「でも、俊さん……、ケースの内側から出て接客をするなんて、そんなことやっていいのですか？」

その言葉を聞き、私はこう切り返しました。

「Tさん、じゃあ……やっちゃいけない理由は何ですか？」

「……」。Tさんは黙ってしまいました。

私は、ここで追い討ちをかけるように「Tさん、この件はGMから全権を任されています。まずは、私の指示通りにやっていただきたいのです」と言うと、Tさんは渋々、この提案を受け入れてくれました。

失敗したっていいじゃない！　とりあえず、やってみよう！

その提案をTさんが受け入れてくれるまでの道のりは、簡単なものではありませんでした。特に彼女は、ショップを任されている立場で、生真面目で責任感が人一倍強い性格だったのです。

新しいことをやらない最大の理由が、その責任感の強さであり、今までやってきた経験値の高さによるものだと見受けられました。

ですから私は、最後にこうも付け加えました。

「失敗してもいいじゃない、とりあえずやってみましょうよ。上手くいかなかった時の責任は僕にありますから」

と、笑顔でTさんとのミーティングを締めくくりました。

現状打破のために新しい一歩を踏み出せ！

ここまでの話でもおわかりの通り、「新しい発想」を持って「新しい行動」ができそうでも、なかなか実行に移せないことが多いのが実情なのです。

あなたはいかがですか？

そこにはいろいろな理由が混在していると考えます。

その一つが、この事例の場合は「経験値の高さ」でした。過去に成功事例が多い場合、今やっていることがベストであると思い、新しいことには手を出さず、守りに入ってしまいがちです。

さらに、責任がある立場になればなるほど、失敗を極端に恐れる傾向にあるものです。

私は、研修の中で「変わる」という言葉を極力使わないようにしています。なぜなら、「変わる」という言葉を聞くと、人によっては、今までの経験のすべてを否定されたと勘違いしてしまうことがあるからです。

また「変わる」ということにすごく抵抗があったり、ハードルを高くしてしまう方も多いのです。ですから、経験は経験として認めつつ、ちょっと横に置いてもらい、「新しい一歩」を踏み出していただきたいという思いで、日頃から**「変わる」ではなく「新しくする」**という言葉を使うようにしています。

不思議なもので、その言葉を使うことで、私自身も「新しく」なりました。

人は「成長したい」という気持ちがどこかにあれば、進化しようと行動するものです。その反面、新しく何かをするということは、ちょっとメンドクサかったりしんどかったりしますよね。誰だって「今のまま」が一番楽だと思うものです。そこのハードルを越えて成長してもらうためにも、「変わる」ではなく「新しくする」なのです。

一歩目を踏み出せないもう一つの大きな理由が、失敗への恐れです。特に昨今の日本の社会においては、一つの失敗に対して、周りが総攻撃する傾向があるように感じます。悪い傾向なのですが、失敗を許さないような雰囲気を強く感じるのは私だけでしょうか⁉

その一方で、成功している方のほとんどは「失敗を重ね、そこから学んで成し遂げた」という経験が多いことを、私達は知っています。

多くの本やテレビ等のメディアでも、そういった類の記事や番組を配信していて、目にすることが多いですよね。

それらをひっくるめて、私はTさんに伝えたのです。

「とりあえず、やってみよう」と。

そして、**やる限りは、徹底してもらいたい**と伝えました。

先ほどのスターバックスの事例でもわかるように、「徹底感」を感じさせるくらいやってみて、そうしてようやくお客様から支持されるのです。

反対に、もしも中途半端に取り組めば、それは成果に結びつかないだけでなく時間やお金、労力の無駄使いになると言えますよね。

今回の場合、私は彼女達を信じるしかなかったのです。

「絶対にやってくれるはずだ」と。

出した「提案」に隠された深い意味とは

そうして1カ月が経ちましたが、正直なところ何も成果は表れませんでした。

ここで、ケースから出て接客をすることと、もう一つ出した提案について触れておきましょう。

なぜ「そのケーキがどんなドリンクと合うか考えてお客様に伝えよう」という提案をしたのでしょうか。

パティスリーショップは、毎日ケーキを販売しています。よくあることですが、日々、同じ仕事をしていると、どうしても「仕事」ではなく「作業」になってしまいがちです。それが、知らず知らずのうちにお客様に伝わってしまうことが往々にしてあるのです。そうなってしまうと、本当に美味しいケーキなのに、そのケーキの美味しさ（価値）を伝えることに意識がいかなくなるかもしれません。

仕事をしているスタッフにはそんな気持ちがなかったとしても、「常にフレッシュな気持ちで美味しいケーキの価値を伝えているか⁉」と言われたら、ちょっとしんどいと思うのも無理はありません。

そこで私は、もう一度ケーキの美味しさ（価値）を見つめ直してもらいたくて、この提案を出したのでした。

「どんな飲み物と一緒に食べてもらうと、もっと美味しく感じてもらえるか」を改めて考えることで、販売しているケーキの美味しさ（価値）に気づいてもらいたい、あわよくばもっと一つひとつのケーキの価値を上げられるのでは？　と考えたのです。ここで言う価値とは、美味しさだけにとどまらず、接客を含めた付加価値を指しますが。

彼女達は一様に、真面目であると同時にポテンシャルが高く、だからこそこの提案をクリアすることができれば、良い接客や成果に必ず繋がるだろうと感じたのです。

さらに付け加えるなら、私が研修でいつも話す、「成果を出しやすい人の条件、4＋1」というものがあります。

この「成果を出しやすい人の条件　4＋1」とは、

①素直な人
②努力家・勉強家
③決断できる人
④情熱を持ち続けられる人
＋1：「できない理由」を口にする前に、どうすればできるかを考え、行動できる人

このうち、②の「勉強家・努力家」という部分が今こそ必要だと思ったのです。自身のサービスや扱っている商品に関心を持ち、努力・勉強を重ねることが本当に大切だという

ことを、Tさん達に気づいてもらいたくて実行してもらいました。

真剣に向き合う……自発的なミーティングが始まる

2カ月が経ち、まだ「成果」と呼べるような数字の変化はありませんでした。

しかし、遠巻きに見ているとその兆候は表れてきました。それは、接客をする上での会話量でした。

従来のケース越しの接客では見られなかった会話の量が増える傾向にある、そんなことが見て取れたのです。

これは、いけるな……。

「お客様の横に立って接客、ケーキを一緒に選ぶ」という、従来のホテルのパティスリーショップではあり得ない非常識な接客、この意味が少しずつ彼女達スタッフに変化をもたらしたのです。そして「そのケーキは、どんな飲み物と食べるともっと美味しくなるかを伝えよう」というもう一つの提案にも、向き合い始めてくれました。そして、いつの間にかリーダーのTさんを中心に自発的にミーティングをするようになったのです。

「フランボワーズには紅茶が合うんじゃない？」
「そうね、ダージリンが一番合うと私は思うけど、どうかしら……」
「私ならアイスがいいですね！」
「やっぱりモンブランにはカフェラテが合うと思うんだけど、どう？」

一つのケーキに対してさまざまな意見が出たようです。多少意見がぶつかり合っても、私はそれでいいと思っていました。なぜなら、味覚には個人差があり、お客様もいろいろな方がおいでになるからです。

たとえば、あまり甘くないケーキが好みだったり、人によってはとことん甘いのが好きだったりします。

飲み物なら、コーヒーが苦手な方もいれば、季節を問わずアイスティーを飲む方もいるでしょう。

ここで考えてもらいたかったのは「専門家の視点」なのです。「なぜそのドリンクが合うと思うのか」の「なぜ」にこだわってもらいたかったのです。お客様との嗜好の多少の差はあってもいいし、ちょっとしたうんちくでもかまわないのです。そこに確かな理由が存在すれば、お客様にも伝わり納得してもらえます。その「専門家の視点」を持つことが、会話の質の向上に繋がることを、私は知っているのです。

そして、ついに結果に繋がったのです。

「成果」に繋がる一瞬

「俊さん、やりました！　対前年比１２５％です!!」

そんな喜ばしい報告を、3カ月目にしてついに聞くことができました。GMも大喜びしながら、「一体、彼女達にどんな魔法をかけたのですか？」と聞いてきました。

接客をする上で何が大切なのかを、Tさん達は気づいたのです。

まずは、今までのやり方がすべてではなく、ちょっと疑ってみること、視点を変えてみること、既成概念を崩すことの重要性を……。


勉強してみることで、専門家の視点を養うのはとても大切なことです。

そして、それを嫌味なくお客様に伝える。

最終的にお客様との会話は、「量」ではなく、「質」を向上させることが大切なのです。

これが「接客力」です。


接客力とは「商品の価値を上げ、その商品の価値をお客様に直接伝えること」のできる力です。

そしてその接客力を維持するために、伝え方を工夫し、磨き上げる大切さを知ることが、とても重要なのです。

それを続けていくと必ず、お客様からいただく「ありがとう」という言葉に繋がります。

そして、お客様から「ありがとう」という言葉をいただく瞬間こそが、接客業にあたる人間にとって一番の喜びに繋がるということを、改めて彼女達は実感することができたのです。

その連鎖が数字に表れ、まさしく成果となったのです！

初めに感じた、彼女達のポテンシャルの高さと真面目な取り組み、さらに失敗を恐れない勇気と「素直さ」が、たった3カ月間で対前年比25％アップ（対前年比１２５％）という成果を作り上げたのです。

真剣に取り組んだ彼女達が呼び込んだ成果

先ほどのTさんの言葉には、続きがありました。

「俊さん、やりました！　前年の125％です‼　それもこれも俊さんのおかげです」
と、私に嬉しそうに報告してくれました。
「違いますよ、Tさん。これはTさんやスタッフの皆さんの成果です。私の成果ではありませんよ！」

そうなんです……。私がいくら新しい発想をしてみよう～、新しい行動をしよう～と言ってみたところで、当の本人達がその気になって実践してくれなければ、決して成果に結びつくことはありません。いくら旗を振っても、旗を振った方向に動いてもらわなくては何にもならないのです。

彼女達の「素直さ」は、「素直力」と呼ぶことができる「力」となって、その実力を発揮したのです。

ありがたいことに、よく「俊さんのおかげです」という言葉を頂戴しますが、私は受講者に気づきを与え、「ことば化」されたコンテンツを伝えることはできますが、本当の意味での強制力は持っていないのです。ですから、私の成果は、受講者の皆さんの実践によるものなのです。

これは大切な点ですが、**成果を上げてくれる人達の共通点は、「素直な人」であること**です。これは、多くの経営者の皆さんも一様に口にされることなのですが、伸びる人のほとんどが、「素直力」という「力」を持ち合わせていると感じます。

この仕事をやっていると、よく「〇〇万円の受注をいただいた」などと、それがあたかも自分の成果のように話すコンサルタントに出くわします。私はそんな時、決して口には出しませんが、いつも思うのです。

「そんなことは真の成果ではない」と。

研修やコンサルティングをさせていただく醍醐味は、受講者の思考が新しくなり、それを行動に移してくれて、成果に繋げてもらうことです。

しかし本当はそれだけではなく、そこに仕事の本質を見出してくれる一瞬が、私にとっての大きな喜びなのです。

今回の場合なら、この対前年比125％という数字は私の成果ではなく、まぎれもなくTさんをはじめスタッフ4人の成果です。その成果の本質は、「良い接客」とは何か？

を素直に追求してくれたこと。さらにそれを、勇気を持って実践してくれたことなのです。

そして、その実践によって、結果的に多くのお客様から「ありがとう」という言葉をいただけたことが、数字としても表れたのです。

リーダーであるTさんが僕にそっと言ってくれたひと言に、接客業の本質があると実感しました。それは、

「俊さん、接客って楽しいですね！」


そうなんです、接客は、その本質を知れば知るほど、楽しくなってくるものなのです。

そこが、わかってくると「もっと楽しくしよう」とする意識が芽生え、結果、楽しんで接客ができるようになるのです。

それがお客様に伝わり、成果として表れ、どんどん良い連鎖が生まれるのです。

良い接客とその成果がイメージできれば、実現もできるのです、
お客様が、Tさんがお勧めしたケーキと、提案したアールグレイを召し上がりながら

「美味しい〜」と笑顔で食されているイメージ。その時に、あのスタッフさん、いいスタッフさんだったなぁ〜。またあのお店で、今度は違ったケーキを買おう。あのスタッフさん、またいるかしら……。

なんてお客様が思っていらっしゃる姿をイメージすると、どんな接客になりますか？

そんなことをイメージすると、楽しくなってきませんか？

そんなことすべてがイメージできたなら、本当の意味での「良い接客」を実践してみましょう。

イメージできたことは、必ずや達成できます。私はそう信じ、「良い接客」がもたらす「実」の部分をイメージすることの大切さを伝えています。

おわりに
――未来志向の「営業的接客のキーワード」はこれだ！

最後に、私が考えるこれからの「営業的接客のキーワード」についてお話しさせていただきます。

第4章で出てきた、パティスリーショップでの接客の様子を思い出してください。ショーケースの内側から出て、お客様の横に立って接客するという、新しいスタンスですね！

では、なぜ、こうすることが成果に結びついたのでしょうか。そこにはあるキーワードが存在するのです。

どれにしようか？
どれが美味しそうか？

どれが好みか？

その日の気分は？

チョコレートもいいけど、フルーティーなケーキもすてられない……

そんなことを思っているお客様の横に立ち接客をする。

それらの行動を「ことば化」すると、「お客様と一緒にケーキ選んでいる」ということになります。

この「一緒に……」という言葉が、今、私がお伝えしたいキーワードです。

「お客様と一緒に選ぶ」

このスタンスこそが、これからの営業や接客のキーワードになると考えます。

このスタンスを実現しようとすると、「お客様が今、どんなことに興味があるか？」をまず情報として知らないといけなくなります。

「そこにどんな悩みがあるのか？」

とか、

「どんな気持ちになりたいのか？」

さらには、

「どんな未来を描きたいのか？」

など、こちら側から意識的に知りにいかないと、一緒に選ぶことはできないのです。

ですから、やはり「M・K・S」が重要なのです。

ただ一方で、営業活動として一方的に商品やサービスをお勧めする時代は過ぎ去ったのでは？　と考えることが多いのも事実です。

もしあなたが、本書の第1章の冒頭に出てきた「お客様に選ばれるセールスパーソン」になりたい！　と本気で思うなら、ぜひ、お客様と同じ方向から、同じ課題に対して「一緒に……」という発想で、営業や接客をすることを考えてみてください。

この発想を意識して行動すれば、最終的に必ず「お客様から選ばれるスーパーセールスパーソン」になれると私は信じています。

このたびは、本書をお手に取っていただき、そしてここまでお読みいただけましたこと、
心より感謝申し上げます。
まだまだ混沌とした世の中の状況は続くかもしれません。

しかし、下ばかりを見ていると、そこにある青空にも気がつかないものです。
顔を上げて、笑顔で前向きに一歩一歩、歩もうではありませんか。
そして私は、これからもあなたと一緒に成長していきたいと切に願います！

本書があなたにとっての「エール」となれば本望です。

では、またお会い致しましょう！
ありがとうございました。

生駒 俊介

対談 株式会社エムエム・代表取締役社長 **兼城 毅**氏

「人財育成型®研修」の具体的事例とその価値

ここまで読み進めていただきまして、
感謝申し上げます。
本書の中では、私がさまざまな経験から感じたことや、
研修やコンサルティングにおいて、
実施した事例をいくつかご紹介しました。
それらを、あなた自身のことに置き換えて
シミュレーションやイメージをしていただくことで、
何らかの気づきになれば嬉しく思います。
ここからは、私が講師として登壇する
「オリジナル研修プログラム」を、実際に受講して
いただいたクライアン企業の社長様との対談を
披露させていただきます（2018～2019年実施）。
兼城社長にも、一受講生として
幹部の皆さんと一緒に学んでいただきました。
ぜひ、お楽しみください！

生駒：本日はお忙しいところ貴重なお時間をいただきありがとうございます！

早速ですが、まず株式会社エム・エム様、そして兼城社長の自己紹介をお願いします。

兼城：私ども株式会社エム・エムの主な事業として、携帯電話キャリア（NTT ドコモ）の運営代理店事業を三浦半島の横須賀で担っています。

具体的には4店舗のドコモショップと、法人営業拠点を1拠点持ち合わせており、横須賀市、三浦市、葉山町、逗子市に在住のお客様をメインターゲットとして、店舗運営と法人企業様のフォローをさせていただいております。

私自身は、この会社に20年間勤務しており、現在は社長として経営を任されています。横須賀出身ということもあり、愛着のある地元横須賀で仕事を始めたいという想いから就職活動をし、運よくこの会社を見つけることができて就職したのが最初のきっかけです。

入社当初は店舗での販売スタッフからスタートし、

さまざまな経験を通じて、今日までお客様に育てていただきました。

現在、私は45歳、子どもも3人おり、これまでは仕事を一生懸命しすぎた部分もありますので、最近は家族との時間を大切にしつつ仕事を楽しんでいます。

生駒：ありがとうございます。
兼城社長は運よく株式会社エム・エムに入られたということですが、そのきっかけをもう少し詳しくお聞かせいただけますでしょうか。

兼城：はい。恥ずかしながら私は大学生の頃に就職活動をあまりせず遊びすぎてしまったところがありまして、実は卒業が危ぶまれた時期があったんです。

なんとかギリギリ卒業できるかできないかという瀬戸際のところで、卒業する年の1月の終わりぐらいにようやく卒業が決まったのはいいのですが、働かないとさすがにまずいだろうと、なんとなく就職活動を始めたように思います。

とはいえ大手企業なんかはもうとっくに採用は終わっていますし、なかなか企業側もこういう人間は採りにくいだろうし、「これはまずいぞ」と焦ったのを覚えています。

そんな中、横須賀で働きたいという想いもあって、就職先を探していたところ、募集をしていた企業の一つにこのエム・エム社がありました。

調べてみると仕事内容も携帯電話の販売ということで、その当時では特に成長が期待できる業界だったこと、そしてもう一つは接客業をしたいという気持ちがあったこと。

これが、私が株式会社エム・エムへの入社を決めた大きな理由でした。

ここは自分の希望が叶えられる会社だと熱意に燃える反面、まずは「まあしばらく1、2年働いてみようかな」と、そんな軽い気持ちもありつつの入社でした。

結局、これがきっかけで、接客のおもしろさや楽しさにのめり込んでしまったという感じですね。

生駒：なるほど、そういった経緯があったのですね。

携帯電話事業は、20年前から考えると一番急成長した事業と言っても過言ではないですよね。携帯電話なんてほとんどの人が持っていない社会から、今ではほとんどの人が持っている社会になりましたから。

そんな急拡大する事業の波にうまく乗れたのは、きっかけはどうあれ、兼城社長の直感力があったからでしょうね。

先ほどのお話の中に「お客様に育てられた」とありましたが、この20年の中でお客様の数、質ともに様変わりしていく中で、兼城社長もお客様と一緒に成長されてこられ、今があるのかなと思います。

兼城：そうですね、私はとても運がよかったということもありますけど、本当にさまざまなお客様との「出会い」があり、自分が苦しい時は特に助けられましたね。

生駒：出会いといえば、私が初めてこちらエム・エム社に来させていただいたのは昨年の夏前でしたね。私、生駒俊介を初めて見た時、私に対してどのような第一印象をお持ちになりましたか？

兼城：正直なところ、髪型のインパクト。

まあこれは有名な話ですが、髪型を含めた風貌というか、ものすごく目力もあるので、ちょっとヤバい人かなと（笑）。

いや、ヤバいっていうのは良い意味であって、どんな人なのか私では計り知れないところがあって、つい身構えてしまいそうな雰囲気を持ち合わせていらっしゃいました。

生駒：私自身、髪型のことはどこに行っても言われますが、目は割と優しい目をしようと意識しているつもりなんですよ（笑）。

兼城：すごくわかります、お話しされている時はいつも笑顔なんですよ。ただその目の奥では鋭く洞察されているような印象を受けますね。

生駒：私のほうが兼城社長に見透かされているようで、ちょっと……（笑）。

お客様の喜びを体現するために、一念発起、人材育成へ

生駒：私との出会い、それ以前の御社の会社運営、ご自身の社長業を含めて、当時どのようなお悩みをお持ちで人財育成に目を向けられたのでしょうか？

兼城：私は２０１７年の４月に社長に就任し、現場の運営を任されました。それからは常々どうしたらたくさんのお客様が来てくれるのか、我々が経営理念に掲げている「お客様に『喜び』を」、これを体現するにはどうしたらいいのだろうとか、そんなことばかり考えていました。

従業員には「お客様とは一人ひとり丁寧に接客してね」とは言うのですが、「では実際に何をどうして欲しい」という細かなニュアンスまでうまく伝えられず、ジレンマを抱えていたところでした。

丁寧な言葉づかいは誰にでもできるのですが、もっと根本的な「お客様を大切に」という「共通言語」が欠けているのではないのではないかという悩みは尽きませんでした。

そこで、その悩みの解決の糸口を見つけるため真っ先に目を向けたのが「人材育成」でした。人口も減少し、お客様がますます商品を購入しなくなる時代で、大きな課題を抱える中、店舗運営で顧客接点をもっと大事にしたい、従業員の質を上げたいと考えた時に、人材育成の専門家を社内に置きたいという想いがありまして、それを具現化する良い機会だなということで俊さんにお願いしたという経緯です。

生駒：なるほど。それは私の課題でもあり、いつも自分の中で柱としている「ことば化」ですね。言葉がしっかりできていないときちんと相手に伝わらない。単に「丁寧に接客してね」と伝えるだけでは、やはり輪郭がぼやけていて上手くいかない。

そこをもう少しひも解いてクリアに、皆にもわかる言葉「共通言語」にできないものかと悩まれていたのですね。

「研修プログラム」の導入を決めたのは、最初のプレゼンテーション

兼城：最初に幹部向けにプレゼンテーションをしていただいた時ですね。

私が求めている答え以上のものがそのプレゼンテーションには盛り込まれていて、「この方はきっと我々の販売現場での従業員の気持ち、お客様の気持ち、それを運営する会社役員・社長の気持ち、おそらくすべてを俯瞰的に見ることができる方なんだ」と。そうでないとこの場でこの言葉は出てこないだろうというほどすごく衝撃を受けまして。「この人とだったらできるかな」と直感的に思った瞬間でしたね。

その後、「お試しで一度講義を行ってみましょうか?」とおっしゃっていただきましたが、実はもうその時には、俊さんにお任せしようと腹は決まっていましたね。

生駒：これは私の強みの一つでもありますが、私はサラリーマンを16年経験し、その後自分の会社を立ち上げ、スタッフを雇い入れ、そこで課題を見出し、人財育成に取り組み始めた人間ですから、雇われて働く側の気持ちも経営者の悩みも理解しています。それを乗り越えてきたという経験値ですね。

ところが、私の業界でもそこまでの経験を持っている人間は実のところあまり多くはいません。

そしてもう一つ、「顧客目線を忘れてはいけない」というのは常に私が考えていることで、「必ずお客様は販売者のことを見ている」ということ。

これを皆さんにわかってもらいたいということで、その辺をプレゼンテーションに盛り込んだつもりだったんですけど、そこを認めていただいて私としては嬉しい気持ちでいっぱいです。

そして社長のおっしゃる通り、御社の「人財育成」を一任いただき、昨年から研修プログラムをスタートしましたが、研修初期の受講メンバーの様子はどういったものでしたか?

兼城：実はこれまで弊社は、受講や研修などはそれほど多く取り入れてきませんでした。

個別で各人に合わせた研修などに参加させていたことはありますが、それも多くはなく、人財育成研修に至っては2回ほどです。

2、3回に分けて継続的に行った研修というのもあるんですけど、プログラムごとの連動性がなかったり、おそらく単発で終わってしまったり、私が考える人財育成の中で「軸」を作りたいという目標が達成できていませんでした。

皆の研修に対する意識も低く、ただ受ければいいという程度で、そこで何かを学び取るとか気づきを得るという感覚が、非常に欠けていたと思います。

今回もそうなって欲しくないという気持ちから、私自身も講義に参加し、私がなぜこの研修を採用したのかという背景や、今の想いと将来のビジョンを伝えながら、この研修を受講してもらったのですが、なかなかそれが伝わらず、やはり従来の研修の雰囲気を引きずってきているように感じました。

俊さんも同じように感じられていたのではないでしょうか。

プログラムのスタート時は、受講者のほとんどは「早く終わらないかな」と、多分そのような気持ちだったのではないかなと思います。もちろんそうではない人間もいたとは思いますが、最初は多くの受講者がそうだったのかなという印象でしたね。

生駒：これは会社の規模、大きさ、人数にかかわらず、私がお伺いしている会社についても例外はなく、研修というものを形骸化しているところが多分にあることが要因です。

特に大企業になればなるほどいくつもの研修をタイトなスケジュールで回していかなければいけませんから、そうなると研修の発注担当ですらも研修に対しての想いが薄れていってしまうんですよね。

たとえば、いつも外回りにあくせく動いている営業マンからすれば、「この忙しい時に2時間取られちゃったよ」という具合です。

実は私自身もサラリーマン時代、多くの研修を受けさせていただいたにもかかわらず、今でも覚えているような研修といえば、一つしかないんですよ、残念ながら。結局、研修はただの研修だったわけです。聞いた瞬間はモチベーションが上がるのですが、実際に3、4日、一週間も過ぎれば何を聞いたのかも忘れているような状況です。

社長がおっしゃったように、今まで試された研修の大半は、何かを得られるほどの、受講者の心に響く研修ではなかったのだと思います。

そんな風潮の中でも私は「私の研修をただの研修では終わらせないぞ」と、常日頃から最高のプレゼンテーションをしようと心がけているのですが、残念ながらエム・エム様でも最初は少なからずそういう雰囲気があったのかもしれません。

ただ、私が思うに御社の受講メンバーは、最初から私の研修に興味関心があったように感じますし、社長が一緒に参加するということもあり、緊張感と気概みたいなものは感じましたね。

強いメッセージが受講者の心を動かし、結果に繋がっていく

生駒：それでは、その後研修を推し進めていく中で受講メンバーの方にはどのような変化が起こってきたと感じますか？

兼城：受講を重ねるごとに、いつもとは違う研修だと感じてくれる人数は増えていったように思います。

俊さんがよく言われている「私は魔法の杖を差し上げられるわけではありません。欲しいものはあなた自身で掴みにいくんですよ」というメッセージ。何かの気づきを感じ、そこから自分がどう行動するべきかという意識改革と行動を促す言葉ですね。私自身もそういう言葉を聞くと、確かにそうだよねと改めて気づかされます。

今まで受けた研修は、受ければ確かにスキルは身につくけれど、そこまでの強いメッセージ性はなかったと思います。

自分で物事を考えてそれに対して新しい挑戦、正しい行動をしていこうという意識が受講者に徐々に浸透してきたのではないかと思います。

その頃から少しずつ、この研修がなぜ一年間のプログラム化されているのか、なぜ私が参加しているのか、私がこの会社を将来どうしていきたいのかという想いも少しずつ彼らの中に広がっていったのかなと思っています。

最初は受講に対する真剣さが足りず、私が檄を飛ばすような一面もありましたが、その後は皆、目の色を変え、取り組んだ成果は少しずつですが見えてきた部分がありますね。

実際、彼らも日々多忙で時間と業務に追われていますが、その中でタイムマネジメントし、自分の時間を確保し予習復習をするなど、彼らの中で「もっと成長したい」という想いが生まれたことで受講する姿勢や態度に大きな変化をもたらしたのではないかと感じています。

生駒：一番印象的だったのは、みなとみらいのＨＤの本社で研修をさせていただいた時ですね。

受講後にものすごく多くの方が質問に来てくださり、その中で、自分達が抱える悩みも包み隠さず私に打ち明けてくれました。

その時私は「これはいける！」と、この研修の成功を確信しました。

その後私はすぐに兼城社長にお願いをして、各店の店長と個別で話をする場を設けていただいたことで、彼らとの距離感をさらに縮めることができました。ここが、彼らが「この人から何かを得たい」と、私の人間性と、私の研修を認めてくれた転換点だったのかなと思います。

兼城：そうですね、最初の段階で皆が気持ちを引き締めてくれたのはよかったですね。中途半端では何より俊さんに失礼です。

それぞれ時間を割いて多くの人間が集まってやっている意味を真剣に受け取って欲しかったですし、自分達がこの会社でこの人財育成プログラムで自己を再形成しているんだという本質的な部分を彼らに理解してもらいたいという思いでした。

生駒：ありがとうございます。私も当初はモヤモヤした感じがありましたから、それからは非常にすっきりしたといいますか、あの日の帰りの電車の中で、私自身も気合いを入れ直したことを覚えています。

そして彼らに今何ができるのかを考えた結果、これを完全マスターしてもらいたいという「言葉のレクチャー集」を皆さんに渡したのですが、これが功を奏しまして、これをきっかけに多くの方が言葉の意味を深く追求し始めました。

毎回研修前後にレクチャー集を真剣に読み返している受講者の姿も多く見られるようになり、その真剣度合いから、自分の置かれている立場と責任を理解してくれたのかなと感じ、本当に嬉しくなりました。

このような経緯もありながら研修を最後まで良い雰囲気で終わらせることができましたが、その後の皆さんのご様子はいかがでしょうか。

兼城：研修プログラム終了後は「エム・エムタイムズ」という社内報で、研修の中で学んだことをキーワードとして出しながら情報共有を図っていまして、その中で「こういった施策に挑戦したい」という意欲的なフィードバックをするなど、研修の成果が実感できていますので、今後も組織的な情報共有をベースに、研修で学んだことを伝播していきたいですね。

研修を直接受けていない他の従業員もきちんと挨拶ができるようになるなど、一番大事なお客様に向けて、そういった基本的なことを忘れずにやってくれている姿を見ています。

社員から「（研修で言っていたのは）こういうことですよね！」という話を聞くとすごく嬉しいですし、店長達自身が腑に落ちて納得した内容を率先して体現する姿というのは、今まであまり見ることはなく、これは非常に大きな変化で、我々がこの会社で「軸」を作っていく一歩を今やっと踏み出せたというふうに思っています。

生駒：それは素晴らしいですね！

御社の直近での大きな成果としては、横須賀店の携帯端末販売契約数が日本一（２０１９年、コロナ禍の２０２０年も日本一を記録）、また、その他店舗も神奈川県下のＣＳ調査で常に5位以内の常連店舗となるなど見事な成績を収められましたが、この成果は社長のくり返しの情報発信と共有による意識改革、店長を含めた従業員皆さんの現場での実践があってこそだと感じており、私もこれは研修の成果の一部と受け取って非常に嬉しく思っています。

では、そのような結果も踏まえ、研修の前と後で、社長ご自身の中にはどのような変化があったのでしょうか。

兼城：そうですね、まずは「うめらいス」というコンテンツは私の中で非常に大きな変化をもたらしてくれましたね。

基本的なことではありますが、実践すればインパクトがすごく大きく、価値の高いスキルです。

コミュニケーションスキル「うめらいス」で信頼を得る

う……うなずいて
め……目を見て
ら……ラストまで
い……いつも
ス……スマイル

※現在は「うめらいス接客法®」として商標登録しております。

あとは、私自身多くの決裁権を持つ社長という立場でもありますので、決断することの重要性を再確認できたこと。

もう一つは、よりわかりやすい言葉で自分の思いを伝えるということ。

何度も何度も同じ言葉で社員達にはわかりやすく伝えているつもりでも、上手く伝わっていないことが多く、そこは受け取る側の物事を捉える物差しが人それぞれ違うということもあり、自分が言っていることにまだ理解しにくい部分があるのではと、常に考えるクセをつけることができました。

私と新入社員とでは大分乖離してしまう「言葉」の部分を、新入社員でもわかるように伝えなければいけないと改めて考えられるようになりましたね。

「説得ではなく納得させる」きちんと伝える技術

兼城：私が部下に指示をする際、ほぼ強制のように受け取られてしまうことも往々にしてあるのですが、物事の背景から始まり、なぜ今、我々はこれをやらなければならないのか、これをやることでこんな未来が想像できるよね、というところまで示せるようにならないと、相手に納得してもらえません。

社長という立場からすると、この会社をどうしていきたいかというビジョンをいかにわかりやすく従業員に伝えられるかということは、身につけなければならない必須のスキルですので、本当に従業員が理解しているか、納得しているかを感じながら話すことを以前よりも意識して取り組んでいます。

この他にも俊さんから学んだことはたくさんありますが、私の中ではすべて連動しています。

この部分だけをやろうとしてもそっちがなければできないということが多く、非常に難しいのですが、少しずつ実践し習得していければと思っています。

生駒：いやいや、兼城社長は今でも十分に実践できていらっしゃると思いますよ。

私が常日頃から申し上げている「価値の伝え方」、これに尽きるように思いますね。

ちゃんと伝えたはずなのに伝わっていないことって非常に多いんですが、伝えたと思っている当の本人は、伝えたところで満足しちゃうんですよね。

でも、そこが受け取る側の満足ではないはずなので、結局そこでミスマッチが生じてしまいます。

このような「伝えたつもり」のよくあるケースと

して、難しい言葉を使って伝えていることがあります。

言われた側は、話を聞いていて「それってどういうこと？」と考え出してしまい、後まで引きずりながら話を聞くことになるんですよね。

そのような状態では当然話の内容は頭に入ってきませんから、納得させる以前の問題です。

ですから、いかにわかりやすい言葉で伝えるかが重要なんですよね。

「説得」と「納得」という二つの言葉がありますが、まずは、この言葉のわずか一文字の違いの中に大きな違いがあることを理解しなければなりません。

私を含め社長も経験してきたことかと思いますが、部下という立場が長いと結構「説得」されてきた場面が多くてですね、自分の中で「仕方ないか」いう半ば諦めのような状態で指示を受けることがよくあります。

部下は立場上、やらざるを得ず行動することはありますが、その行動に自発性はほとんどありません。

このように、面倒だから、簡単だからといってついつい説得してしまうケースは多いですね。

一方で、人は「納得」すると不思議と自発的に動きます。

ですから、「説得ではなく納得させる」。これを前提に話をする、指示を出すというのは人を動かす立場からすると非常に重要なことなんですね。

「マーケティングの三角形」を常にイメージする

ターゲットを絞り、ターゲットの価値を提示し、具体的なアクションを促す。これをイメージすることで、営業・接客・交渉・部下育成・チラシ・ホームページ・名刺等々あらゆるビジネスシーンで活用することができる。

兼城：研修では「マーケティングの三角形」についても教えていただきました。

弊社はマーケティングに常日頃から携わっていますが、特段意識せずとも現場は成り立ってしまっていたんです。

それは、市場の成長に伴いほとんどの日本人が携帯電話を購入し、当たり前のようにスマートフォンを使用していることに起因しています。

これまではあまり深く考えなくても商品の特徴、機能だけを説明すれば携帯電話が売れるような時代でした。

しかしながら、今後このようなやり方では通用しなくなるのは間違いありませんから、このタイミングで改めてマーケティングとはという根本的な部分を考え、理解する良いきっかけをいただきました。

マーケティングとひと言で言っても多種多様な手法がある中で、俊さんには極めてシンプルな手法を教えていただいたんですが、そのシンプルさゆえの汎用性の高さに私は感心しまして、早速実践してみたんですよね。

するとそれが横須賀店で大成功しました。施策を担当したスタッフ達も、学んだことを実践したら目に見えて成果が出たことでやりがいも感じたでしょうし、当然その体験を人にも伝えたくなりますから、結果として社内全体のモチベーションアップにも繋がりました。

実利も出て経営者としても大変ありがたく思っていますし、私の中ではこの研修をやって本当によかったなと思っています。

生駒：それは母の日のイベントの時ですね。その時は「娘」にターゲットを絞ってもらいました。

娘は母に「スマートフォンを常に持ち歩いてほしい」という気持ちを抱いています。そこには、今では家族間の連絡、コミュニケーションはほぼすべてLINEで成り立っているという社会背景があります。

そこで店長に「私がお母さんにスマートフォンを買ってあげるね」という母の日にスマートフォンをプレゼントする娘のストーリーを考えてもらいました。するとどういうことが起きたかというと、お母さん自身が「これを買ったら娘が言っているLINEっていうのができるのかしら?」という問い合わせがすごく増えたんですね。

結局「娘」にターゲットを絞ることで「母」に響いたということになりましたが、「これってすごいですね! やっぱり俊さんの言った通りでした!」と店長からは嬉しいご報告をいただきまして、「そうでしょう! これが私の言っているターゲットを絞るっていう意味なんですよ」とお話ししました。

店長は「本当は(施策を行うのが)怖かったんですよ。でも、挑戦してみよう」と、中には反対するスタッフもいたそうですが、それを押し切って施策を進めたそうです。

実際、これが功を奏して売上が伸びたということで何よりです。

このように私がターゲットを絞るよう指導しても、躊躇して絞り切れない方も多いのですが、エム・エム様のスタッフはそこを素直に受け入れ実践してくれたということが、成果が出た大きな要因であったかとも思いますね。

やはり素直さが成功する人の何よりの条件ですからね。

兼城：ありがとうございます。

我々もそういった成功事例が作れたというのが非

常に大きくて、店長も学んできたことが成果として皆に示せた、チームで試行錯誤したことが成功したというのが、ものすごく大きな自信になったと思います。

そうすると彼らも必然と仕事に興味、意欲が湧いてきます。

良い習慣、良い循環でさらに大きく展開していく。今回の成功体験をステップとして、さらに相乗的で継続性のある取り組みに発展してくれたら私としても大変ありがたいことです。

企業人としての大きな「軸」を持ち、お客様に選ばれる人間になるために

生駒：当初抱えていた悩みはどの程度解消されましたか？

兼城：悩みは先ほどお話ししたように、我々には太く大きな「軸」がないことでした。

私が人財育成を通じて受講者に求めるところはそこでして、やはり「うめライス」などは素晴らしい技術ではあるのですが、あくまでもそれは一つのコンテンツでしかなく、それを「みんなでやっていこう！」というコンテキストの中に「共通言語」を見出し「軸」を作っていきたいんですね。

ですから解消というよりは、ようやくその「軸」を作るところに着手し、展開していくことができるレベルまで到達できたのではないかと思っています。

私としてはまだまだこれからの段階で、おそらくゴールはないことですから、今後も新たに仲間入りする社員にはこの想いを伝えていきたいですし、従業員全員が同じ考えを持ち、行動がとれる「軸」ができるように今いる我々も日々努めている次第です。

生駒：私が携わっている人財育成とはつまり、社員、スタッフ、一人ひとりが会社の財産となることを目的としています。

さらには会社という漢字をひっくり返した「社会」の財産となって欲しいという気持ちで、私はこの研修をずっと続けています。

この想いを社長はよくご理解くださっていると、この対談の中でもひしひしと感じています。

すでに現在は研修が2クール目に入っていますが、今期の受講者には何を期待されていらっしゃいますか？


兼城：今期受講しているのは、副店長などこの会社に入って10年以上と経験豊富な者達がほとんどですので、社内では選ばれて今の立場にある人財です。

ですから私は当然店長と同じような責任者として扱っていますし、店長がいなければ彼らが主役になってお店を切り盛りしていかなければならないポジションにいます。

私も普段から「お客様から選ばれる人になって欲しい」と彼らに伝えていますが、ぜひ魅力ある人間に育ってもらいたいと思っています。

お客様から自分が選ばれるためにはどうしたらよいかを常に考え、感じながら研修を受けて成長し、成果を自分で掴み取っていって欲しいなと思っています。


生駒：私も講義で「これからはあなた達がこの会社の成長を担っていくんだよ」と伝えています。

すると顔色や目つきが変わったり、頷きが多くなったりしてきます。その変化、成長を見るのは非常に楽しみですし、私も一緒に成長していきたいなという気持ちになります。

先日、研修の様子を後ろから見学されていた部長からも「最近はなんだかよくなってきましたね！」と期待の声をいただきましたので、皆さんはこれからもっともっと成長していくだろうと秘めたポテンシャルを感じています。

会社とともに成長していくことを目指して

生駒：今後、僭越ながらタッグを組ませていただくことで、どんな未来を描いておられますか？

兼城：まず基本は研修プログラムを通じて会社、社会の宝となる人財を育てていくサポートをしていただきたいと思っています。

さらに我々には持っていない専門的な知識や豊富な経験を生かしてアドバイスをいただけたらと。

エム・エム社がどういう会社かと聞かれたた時に、ただ単に携帯電話を販売している会社という紹介ではなく、「誰が接客しても素晴らしい最高の人財が揃っている会社」と胸を張って言える会社を作っていきたい。

この地域でお客様から認められて堂々とビジネスをしていきたいと思っていますから。

それともう一つ、皆に仕事を楽しく生き生きとし

てもらうために、俊さんのパワフルさとエンターテインメント性を持って、会社全体を盛り上げていって欲しいですね。

社内の組織風土をより良く変えられるようなプログラムを研修に盛り込んでいただくとか、少し違った視点、角度から何か楽しいことができればいいなと考えています。

弊社は若い従業員が多く、日々お客様の個人情報を取り扱う仕事にストレスを感じ、気を張る環境の中で仕事していますから、会社の中にエンターテインメントやリラックスできる環境を用意してあげたいんです。

成果を出してくれた分、金銭的な報酬で応えるということもやってはいるのですが、それだけでなく、この会社で働いていて楽しい、この会社で働き続けたいと言ってくれるような会社にしたいなと思っています。

会社もそこに所属する人間も、毎年少しずつでも成長していくことを目指したいですし、それが20年、30年、50年と続くようにありたいと考えていますので、これからもぜひ一緒にお願いできればと。

生駒：ぜひ御社の成長のためにやらせていただければと、こちらからもお願い申し上げます。

私ができることであれば、裸踊り以外は何でもやりますから（笑）。

ありきたりな言葉かもしれませんが、やはり「企業は人なり」ということでしょう。

社長もおっしゃった「楽しく」は、今の時代を表すキーワードになっていますし、実際に先日、５００人に向けた講演でクライアントが私に求めたのはテクニックよりもモチベーションの部分で、「仕事は楽しいんだ」ということをわからせて欲しいというミッションでした。

受講後のアンケートでは「この仕事をもう辞めようかと思っていたけれど、もう一回頑張ってみようという気持ちになりました」というような感想を書いてくれた方が多数いまして、現代の社会人はストレスに潰されそうになった時、自分のやるべきこと、仕事の意味や意義がわからなくなってしまうものだと痛感いたしました。

ただ、そこに何か「仕事って楽しい」と思えるような、心に響くエッセンスを入れると、ほんの少しのきっかけで人はそこを乗り越える力が湧いてくるんだなと、アンケートを見ていて感じました。

では、ここで、ズバリ生駒俊介の価値とは？

兼城：ひと言で言えば、魅力の塊です。外見も中身もかっこいいですよ。

生駒：家内に聞こえるように大きな声でお願いします。(笑)

兼城：その方が発する言葉、雰囲気と、私もこれまでいろいろな方を見てきて思うのですが、私的には俊さんはど真ん中なんですよ、変な意味じゃなく。(笑)

実際お会いして実感しましたが、月に6回もカットをして髪型をキープされるなど、こだわりをお持ちでいらっしゃいますし、いつ見ても身なりもビシッとされていて、かっこいいですね。

側にいてくださると安心する、出会えてよかったと心から思える存在です。

生駒：そこまで言っていただけるとは思っていませんでしたのでかなり照れてしまいますが、大変ありがたいお褒めのお言葉をありがとうございます！

今回の「研修プログラム」を体験されて、どんな方にお勧めしたいと思われましたか？

兼城：やはり同業のB to Cの業界は必ず顧客接点を持っていますので、この接点を重要視している会社ほど受講していただきたいなと思います。

日常で自分がB to CのC側に立つと、残念だなとか、逆に素晴らしいなとか、研修を受けてからは特に客観的に観察するようになったこともあり、もっとこうしたらいいのに、もっと笑顔で接客したらいいのになどと感じることが増えました。

そういう方に学びや気づきを得るきっかけとして、俊さんの研修を受けてもらえたらいいなと思います。

また、会社ではなく個人として発信力がある方、たとえば市議会議員の方達が研修を受けて、市民との接点を増やすためのマインドやスキルを俊さんから学ぶというのもおもしろいのではないでしょうか。もちろん、B to Bの営業や人財育成にも役立つコンテンツでもありますね。また、多くの企業の階層別の研修でも成果を出せると考えます。

生駒：人財育成は、今後の会社経営の中で必ず取り組んでいかなければならない課題となってきます。

企業として利益を上げることは当然として、人口減少が加速する中で、どれだけいい人材を得るか、その「人材」を「人財」にどう育てるかというところを真剣に考えて着手していかなければ、いくら売上を上げたとしても会社は成り立たなくなるでしょう。

そこにいち早く取り組む会社と、なおざりにする会社とでは今後、生き残る確率に雲泥の差が出ると思っています。

今、私がお付き合いいただいている企業はすでにそういうところに気づかれて動かれています。

そのような気概をお持ちの経営者の皆様のお役に立てるよう、私も「人財育成型®研修」を通じて、社会への価値提供ができる企業、人財をもっともっと増やすために尽力してまいります。

今日は長い時間お付き合いいただきまして、ありがとうございました！

兼城：こちらこそありがとうございました！

（研修プログラム第一クール2018〜2019年、第二クール2020年、現在第三クール実施中）

生駒俊介　初出版サポーター一覧

たくさんの方の応援に支えられて、無事出版することができました。
感謝とともに、ここにお名前の掲載をさせていただきます。（順不同、敬称略）

五十嵐由美子

櫻井税務会計事務所
税理士
櫻井久之

相澤辰典

高良茂

小橋重信

ヤマトヤ
青嶋寿和

福祉爪ケア普及協会
小林ようこ

兼城毅

五十嵐由美子

吉田大

小宮里子

Kigaru
松田健二

グロースサポート
社労士事務所
田邊雅子

平松泰人

木村晃

高畑真吾

バンコク
伊原浩

岡井哲也

トライライフ信州
代表
春山紀子

一般社団法人シニア
ライフサポート協会
小番一弘

司法書士
大越一毅

教育コンサルタント
中土井鉄信

松葉賢治

中島史朗

そまやま　えーじ

takeshi tsuji

八木泰彦

赤坂秀郎

Kennoa

小柳幸彦

スタンドアップ
行政書士事務所
行政書士
中澤真一

桃山84期

石田雅俊

窪田司

一般社団法人
日本WILL振興協会
増成一茂

中野郁江

専田政樹

生駒正明

白澤慶

長谷川博史

フェリコ株式会社
赤羽亜希

淡路君代

茂木啓志

石黒秀明

橘田えみ

算命学鑑定師・講師
河村共華

合同会社クルージズ
代表社員
牟田健登

早川薫

多田紳也

生駒《いこま》 俊介《しゅんすけ》

人財育成型® 研修講師、魔法の接客術® アドバイザー、スーパー営業サポーター

トレードマークはモヒカン。奈良県生駒市出身。小学校4年から新聞配達を卒業まで3年間経験する。中学から大学までハンドボールに情熱をそそぐ。中央大学卒業後、大手デパートのジュエリースペシャリストを経て、2000年7月ジュエリー販売会社（有）ディア・エム社を起業・設立。

会社が成長する過程で、中小企業の悩みにも直面……特にスタッフ育成に苦悩した日々を送った経験を持つが、それを克服し業績を伸ばす。自身はプレイングマネージャーとして10年以上毎年3億円を売り上げる。結果、13年間一度も赤字を出さずに利益体質の会社を経営。

その後、独自のマーケティング理論と自身の経験から培った「接客の本質」を再考し、思考から考えた販売技法『魔法の接客術®』を考案。売れない時代に多くの方に独自のコンテンツを伝え、「選ばれるお店」を創ることに情熱を燃やす。

それが発展し、今では【人材から人財の育成が自らのミッション】と気づき、唯一無二の伝え方で多くの受講者の心に灯をつけている。

「新しい発想」×「新しい行動」こそが「成果」に繋がる唯一の方程式だ、が持論。どこの誰より《マーケティング》をわかりやすく解説しながら、社員スタッフ研修・セミナー・講演活動・コンサルティングに日々奮闘中！

プライベートでは２人の愛娘に囲まれ、笑顔が絶えない日々を送っている。

YouTube『モヒカンチャンネル』

生駒俊介オフィシャルサイト

内気、しゃべれない…

営業下手でも3億売る技術！

どんな商品、相手にでも使える！「神セールス」3つの習慣

初版1刷発行　2021年10月27日

著　者　生駒《いこま》 俊介《しゅんすけ》

発行者　小田 実紀

発行所　株式会社Clover出版
〒101-0051
東京都千代田区神田神保町3丁目27番地8
三輪ビル5階
電話　03（6910）0605
FAX　03（6910）0606
https://cloverpub.jp

印刷所　日経印刷株式会社

ISBN978-4-86734-038-7 C0063